일주일만에 부자뇌 만들기

일주일만에 부자뇌 만들기

Successful Creativity In A Week

가레스 루이스 지음 | 이미정 옮김

징검다리

차례

머리말

창의력을 발휘하면 조직 내에서 상품과 서비스를 변화시키고 혁신하며 그에 관한 지식을 축척하는 중대한 과제를 해결할 수 있다.

다가오는 지식 경제 시대에서 조직이 살아남고 번영하려면 지식을 이해하고 창조하며 공유하는 능력을 계발해야 한다.

이 책은 여러분에게 창의력에 관한 아이디어와 통찰력을 제공해준다. 이 책을 통해 우리는 창의성이 왜 중요하며, 조직이 창의성을 어떻게 생각하고 창의성을 양성하기 위해 어떤 조치를 취하고 있는지 알 수 있을 것이다.

또한 창의적인 사람들의 행동 양식과 그들이 어떤 방식으로 창의적인 생각을 하는지 묘사하기 위해 창의성의 개인적이고 심리적인 측면을 살펴볼 것이다. 그리고 배우기 쉬우며 기억하기 쉬운 실질적인 문제 해결 방법과 창의적인 기법을 알아볼 예정이다.

세계는 변화하고 있고 우리도 그에 따라 변화해야 하므로 창의력은 매우 중요하다.

필 수 적 인 창 의 력

일 요 일

SUNDAY

필수적인 창의력

> 혹독하고 변덕스러운 디지털 세계에 적응하지 못하는 회사는 사라진다.
>
> *–빌 게이츠(Gates, Bill)*

한 주의 첫 날인 오늘, 가장 먼저 곰곰이 생각해 봐야 할 문제가 있다.

'왜 창의력이 중요한가?'

이 질문의 답을 알아내야만 창의력이 인생을 살아가는데 있어 그저 없어도 그만인 보너스나 일종의 사치품에 불과한지, 아니면 반드시 길러야 할 능력인지를 판단할 수 있다. 우선 창의력이 개인과 경제 조직에 어떤 영향을 미치는지 알아본 다음, 현대 사회에서 창의력을 중시하는 이유를 살펴보자.

지금부터 아래의 세 가지 요소를 분석해 보겠다.

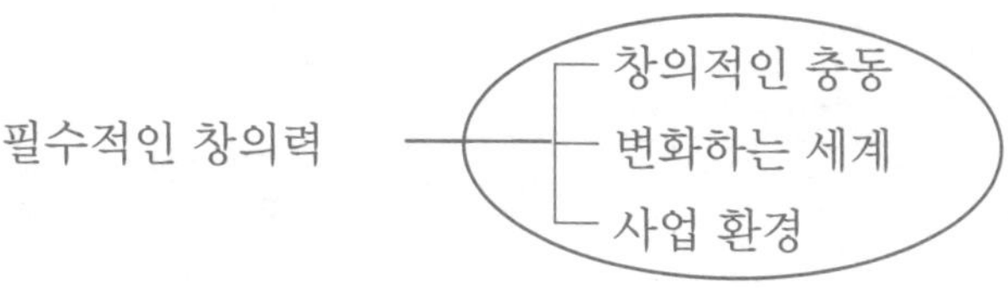

창의적인 충동

'사업'에 관한 이야기를 하기 전에 먼저 역사적인 관점에서 창의력이 무엇인지 생각해 보자. 창의력이 현대에 등장한 요소라고 생각하기 쉽지만 사실, 창의력과 혁신은 옛날부터 개인적인 행동 요소이자 사회적인 행동 요소였다. 지금까지 인류는 옛날부터 창의력을 발휘해서 인간사회를 더 효율적으로 발전시켰다. 그러므로 인간의 역사는 헤아릴 수 없이 많은 창의적인 발전으로 점철된 여행이라고 말할 수 있다. 그런 창의적인 발전 가운데 다음과 같은 놀랄만한 사건이 있다.

- 바퀴의 발명
- 곡식 재배
- 도구 사용
- 언어의 등장
- 인쇄술의 등장
- 우주여행

이 외에도 더 많은 사건이 있다.

인간은 농업과 교통, 통신, 문자, 식품 조리, 시각 예술, 무역과 상업, 제조, 주택, 건강과 의약, 여가와 오락 등 거

의 모든 활동 분야에서 창의력을 발휘하여 문제를 해결하고 진보를 이룩했다. 그런데 창의력이 돋보이는 역사적 사건은 매우 불규칙적으로 일어나는 것 같다. 그 가운데서 여러분도 잘 알고 있는 다음과 같은 역사적 사실은 특히 눈에 띈다.

- 사회, 정치, 군사, 문학 등 모든 분야에서 절정기를 맞았던 고대 그리스 시대
- 고대 중국을 포함한 세계 각지의 여러 지역에서 형성된 수준 높은 문화와 문명
- 무역과 시각 예술, 건축, 음악과 같은 거의 모든 활동 분야에서 창의력이 엿보였던 르네상스 시대
- 산업혁명의 원동력이 된 기술 혁신

이처럼 역사를 자세히 살펴보면 우리의 생활방식을 바꿔 놓은 발명이나 발견의 사례를 쉽게 찾을 수 있다.

진화에 대한 호기심과 열망

인간이 가장 거대한 동물은 아니다. 우리는 가장 강하지도 가장 빠르지도 않다. 시력이나 후각이 뛰어나지도 않다. 그런데도 우리가 강력한 생명체들과 싸워서 살아남았다니, 이 얼마나 놀라운 일인가! 이처럼 우리가 살아남아서 번영을 누릴 수 있게 된 것은 다 우리의 두뇌 덕분이다. 다시 말해 우리는 점점 더 지적인 존재로 진화했다.

–빌 게이츠 저, ≪빌 게이츠@생각의 속도 (Business@The Speed of Thought)≫에서.

그러므로 인류와 사회를 발전시키는 요소는 개인의 창의적인 충동이다. 또한 창의성은 우리가 세상을 살아가는 방식이자 삶의 문제를 해결하는 방식이다.

기본적으로 두뇌를 사용하고 싶은 욕구를 지닌 인간은 두뇌를 사용해 환경에 적응하고 환경을 통제한다. 이처럼

두뇌를 활용해서 세계를 이해하는 능력이 바로 인간의 고유한 특성이다. 그리고 그런 능력을 발휘하여 사회 활동을 하면 그 효과가 배가되어 창의적인 유산을 창조할 수 있다.

인간의 동기 : 성장 욕구

역사적인 관점에서 벗어나 인간에 초점을 맞추면 인간이 지속적으로 성장하며 학습한다는 사실을 알 수 있다. 그 예를 몇 가지 살펴보자.

① 아기는 생후 몇 년 동안 놀랄만한 일을 해낸다. 걷고 움직이는 법을 배우며, 언어를 학습하고 사회성을 키우며 사람과 관계 맺는 법을 배운다. 그리고 지적 능력을 키워 나간다.

② 인간은 심리적인 수단과 지적이고 사회적인 수단을 동원하여 즐거움과 만족감을 얻으려고 한다.

③ 우리는 살아가면서 성장하고 학습하며 통찰력(매슬로우(Maslow)는 자아실현이라고 했다)을 얻으려고 한다.

다시 말해 인간은 선천적으로 호기심이 많으며, 학습하는 능력은 물론이고 주변 세계를 조정하는 동시에 그에 적응하는 능력을 타고났다고 말할 수 있다. 창의성의 필수적인 요소인 이런 능력을 타고 났기 때문에 우리는 두말할 나위 없이 창의적인 존재이다.

변화하는 세계

이제 주변의 더 넓은 세계, 바로 우리가 일하는 산업 사회를 살펴보자.

창의적인 에너지와 창의적인 활동이 20세기에 폭발적으로 증가했고, 우리는 새 천년을 맞아 몇 가지 극적인 변화를 목격했다. 여러 분야에서 그런 변화가 일어났지만 특히 경제와 기술 분야의 변화가 두드러졌다.

경제

스탠 데이비스(Stan Davis)와 크리스토퍼 마이어(Christopher Meyer)는 그들의 책 ≪변화의 충격: 연결된 경제에서의 변화의 속도(blur: the speed of change in the connected economy)≫에서 경제의 변화를 주도하는 가장 강력한 요소 세 가지를 다음과 같이 열거했다.

① 속도: 신상품 개발과 상품 유통, 상품 판매 등 거의 모든 사업 분야에서 속도가 예전보다 빨라졌다.

② 무형의 가치: 비물질적인 요소가 경제의 원동력이 되면서 원자재의 가격이 아니라 브랜드와 제품연구, 마케팅과 같은 만질 수 없는 요소에 따라 제품의 가격이 결정된다.

③ 연결성: 고객과 기업, 제품의 관계가 점점 밀접해진다.

경제의 변화를 주도하는 위와 같은 요소들 덕분에 결과적으로 오늘날 상품과 서비스, 조직과 고객, 조직과 주주, 혹은 경영진과 노동자 간의 경계가 흐려졌다. 수많은 사례 가운데 한 예로 아마존 닷컴(www.amazon.com)이라는 웹 사이트에서 그 사실을 확인할 수 있다. 아마존 닷컴의 방문자들은 그 사이트에서 제공하는 정보와 독자 서평과 같은 부가 서비스를 이용하는 고객이 되는 동시에, 자신이 직접 독자 서평을 올려서 스스로 상품을 제공하는 생산자가 된다.

이러한 신경제(New Economy)의 특징은 바로 지식과 능력, 경험과 같은 지적인 자산을 중요시 한다는 점이다. 이와 같이 현대 경제의 기반은 지식이므로 우리는 지적 능력의 보고인 두뇌를 계발해서 창의력을 증진시켜야 한다.

기술

기술 혁신으로 우리의 생활환경과 노동환경이 급격하게 변하고 있다. 다시 말해, 우리는 정보화 시대로 나아가는 동시에 지식 경제 시대를 맞이하고 있다.

그렇기 때문에 다음과 같은 사실을 염두에 두어야 한다.

- 영국의 고용 연구 기간의 조사에 따르면 2001년에는 전체 근로자의 30퍼센트 정도가 데이터 서비스 업체에 종사할 것이라고 한다.
- 현재 미국 근로자의 3분의 2가 데이터 서비스 업체에 종사하고 있다. – 이로써 지식이 가장 중요한 자산임을 알

수 있다.

※ 이러한 사실을 증명하듯 회사마다 인터넷에 접속하는 횟수와 이메일 사용 횟수, 인터넷으로 무역을 하고 업무를 처리하는 양이 실질적으로 증가했다.

그렇다면 앞으로 어떤 미래가 펼쳐질까?

미래에 대한 10가지 예언

① 세계화 – 기술의 발달로 거리감이 없어지고 어디에서든 조직을 운영할 수 있다.

② 기술 – 정보통신 기술이 발달하여 우리가 사는 방식과 일하는 방식이 변한다.

③ 사회의 변화 – 우리는 정보화 시대와 지식 경제 시대를 맞이하고 있다. 이에 반해 제조업은 사양산업이 됐다.

④ 주주의 힘 – 주주들이 모여서 조직을 만든다.

⑤ 혁신 – 성공의 전제조건이다.

⑥ 경쟁력 강화 – 현실에 안주하는 태도를 버려야 한다.

⑦ 노동력의 다양화 - 문화적 배경이 다른 노동자들이 함께 일하고(노동자가 다른 문화권에서 일하는 경우), 일하는 방식(컴퓨터로 재택 근무하는 경우)과 기대감(심리적 계약: 개인이 조직에게 거는 막연한 기대감을 뜻함)이 변한다.

⑧ 조직적인 구조 - 더 복잡하고 급진적인 조직 구조가 생겨난다(예-가상 조직).

⑨ 평생 학습 - 소비자의 만족감을 증대시키기 위해 지속적으로 기술을 개발하고 발전해야 한다.

⑩ 변화의 속도 - 모든 것이 점점 빨라진다.

사업 환경

발명의 속도는 기하급수적으로 빨라지고 있다. 눈을 크게 뜨고 현재 우리가 살고 있는 20세기가 얼마나 많이 변했는지 살펴보라. 언뜻 보기만 해도 20세기의 기업과 조직이 사회와 과학의 발전으로 변해가는 세계에 잘 적응했음을 알 수 있다. 특히 5년 전이나 10년 전, 그리고 50년 전에는 없었지만 오늘날에는 존재하는 상품을 나열해보면 20세기가 얼마나 많이 변했는지 알 수 있다.

이처럼 어떤 세기보다 혁신적인 20세기에 살고 있지만 우리는 아직 다음 세기를 맞이할 준비를 하지 못했으며, 20세기의 조직이 끝없이 발전하리라는 착각에 빠지기도 한다.

하지만 현대 산업사회의 조직이라고 해서 언제나 직원들의 창의성을 장려하지는 않는다. 여러분이 알고 있는 조직 가운데 진정으로 창의적이거나 혁신적이라고 말할 수 있는 조직이 얼마나 있는가? 대체로 조직은 창의성을 장려하기보다는 억누르는 데 능숙하다. 사람들은 문제를 해결하기 위해 본능적으로 창의적인 행동을 하지만, 자신이 속해있는 조직 내에서 그 행동을 인정받지 못할 때도 있다.

발명은 대부분 어떤 환경에서 어느 정도의 시간을 거쳐

이루어지며, 처음에는 대체로 인정받지 못한다. 하지만 그런 과정을 겪으면서 결실을 맺게 된다. 때때로 그 과정이 매우 고통스럽고 힘든 경우도 있다. 지난 세기동안 끝없이 반복됐던 그와 같은 사례를 몇 가지 들어보겠다. 1938년에 체스터 칼슨(Chester Carlson)이 건식 인쇄술을 발명했을 때 그의 발명에 관심을 보이는 사람은 거의 없었다. 20개가 넘는 업체가 그의 아이디어를 무시했다. 체스터는 훗날 '제 아이디어에 관심을 표시하는 사람이 거의 없었습니다'라고 말했다.

현재 우리가 당연시하고 있는 여러 가지 발명품들이 대부분 처음에는 건식 인쇄술과 비슷한 대우를 받았다. 예를 들면 다음과 같은 발명품들이 있다.

- 태엽 라디오(건전지를 사용하지 않고 태엽을 감아 작동시키는 라디오)
- 포스트잇

✠ 다이슨 진공청소기(제임스 다이슨의 발명품으로 종이백이 필요 없는 진공청소기)

지금까지는 발명가들이 조직의 호응과 지지, 후원을 얻어내는 일이 무척 어려웠다. 그러나 이제 조직은 앞서 언급했듯이 획기적인 발명품들을 수용하여 변화하는 세계에 적응해야 한다. 여기서 조직에게 전달하고자 하는 메시지는 간단하다. '혁신하지 않으면 사라진다.'

현대사회의 조직은 직원들의 창의성을 북돋아주고 장려

할 뿐만 아니라 뿌리 깊은 오랜 습관과 문화까지 바꾸려고 한다.

게리 하멜(Gary Hamel. '핵심역량' 이론을 발표한 런던비즈니스 스쿨의 교수)은 그 누구와도 비교할 수 없는 이 시대 최고의 경영 전략가다. 그는 실적보다는 보유한 전문 지식(핵심 역량)으로 현대의 조직을 평가해야 한다고 주장했다. 또한 조직이 경쟁에서 이기거나 살아남으려면 무엇보다 미래와 혁신을 중시해야 한다고 말한다.

당면 과제

이 책의 도입부에서 창의성이 있으면 좋은 요소인지 아니면 필수적인 요소인지에 관한 질문을 던졌다. 이제 그 질문의 답이 좀더 명확해졌기를 바란다. 그 작업이 흥미롭기 때문에 창의성을 연구할 수도 있지만 무엇보다 우리는 직원이자 관리자, 사업 지도자로서 창의성을 매우 진지하게 생각해야 한다. 사업 환경의 변화를 연구하고 주도하는 사람들은 조직이 혁신적인 사고와 혁신적인 전략을 최우선시해야 한다고 말한다.

앞으로 다음과 같은 중요한 사항을 알아보고자 한다.

- 왜 창의성과 혁신이 조직 내에서 중요한가?
- 창의적이란 말의 의미를 알고 있는가? 창의성을 다른 사람들에게 설명할 수 있는가?
- 창의적인 사람은 어떤 사람인가? 그들은 어떻게 창의력을 발휘하는가?
- 창의력을 향상시켜주는 기법을 배울 수 있는가?
- 그 도구와 기법을 어떻게 사용해야 조직 내에서 실제로 발생하는 문제를 해결할 수 있는가?
- 조직은 창의성을 어떻게 다룰 수 있는가?

요약

오늘 우리는 창의성에 대해 본격적으로 토의할 준비를 마쳤다. 우리가 앞으로 토의하게 될 주제의 기본적인 논점은 두 가지다. 첫째, 창의성은 인간이 살면서 부딪치는 문제를 해결하는 방식이다. 둘째, 현대사회에서 조직은 점점 더 창의적인 접근 방식을 개발해야 한다.

여기서 간단하지만 중요한 내용 몇 가지를 정리해 보겠다.

- 창의성과 혁신은 근본적으로 인간과 '연관되어' 있으며, 인간의 정체성과 인간의 생활방식을 정의해주는 요소다.
- 창의력은 새로운 요소가 아니다. 우리에게는 창의적인 업적으로 점철된 놀라운 역사가 있다.
- 과학과 기술이 창의적으로 발달하면서 우리는 창의적

인 사회생활을 유지할 수 있는 도구와 아이디어를 얻는다.

※ 세계는 변하고 있다. 익숙한 생활 방식과 일하는 방식이 급격하게 바뀌면서 우리는 새로운 시대를 맞이하고 있으며, 변화의 속도도 빨라지고 있다.

※ 조직은 '혁신하지 않으면 사라진다.'는 간단한 메시지를 수용해야 한다.

※ 전통적으로 조직은 직원의 창의성을 장려하고 개발하는 데 능숙하지 않았다. 이제 이런 관행도 바뀔 것이다.

창 의 력 이 란 무 엇 인 가

월 요 일

MONDAY

창의력이란 무엇인가?

> [창의적인 태도] … 무엇보다 무엇을 알아내고자 하는 호기심을 가져야 한다.
>
> *–에릭 프롬(Erich Fromm)*

'창의력이란 무엇인가'는 답이 뻔히 보이는 간단한 질문 같지만 사실은 그렇지 않다. 어제 우리는 산업 사회와 직장에서 왜 창의력이 중요한지를 살펴보았다. 오늘은 사람들이 창의력을 무엇이라고 생각하는지, 어떻게 하면 창의력을 발휘할 수 있는지에 대해 더 자세히 알아보겠다. 또한 그 주제와 관련된 폭넓은 문제들도 더욱 세세하게 살펴보고자 한다.

오늘은 다음과 같은 요소를 분석해보겠다.

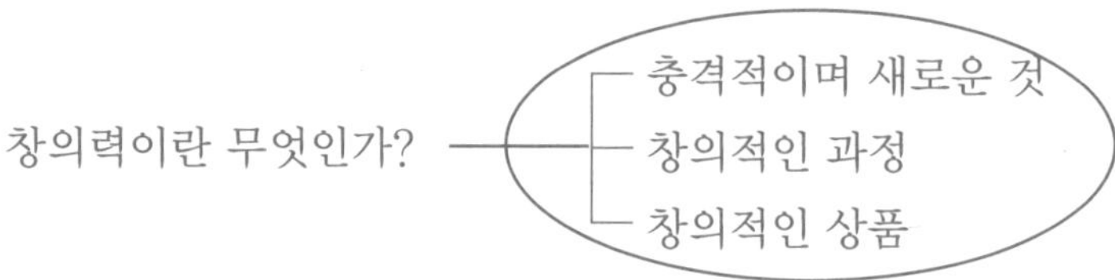

충격적이며 새로운 것

우리는 모두 창의력의 정의를 알고 있다고 생각한다. 과거나 현재의 창의적인 사람을 말해보라고 하면 모두 주저없이 레오나르도 다빈치(Leonardo da Vinci), 모차르트(Mozart), 아인슈타인(Einstein), 스티븐 스필버그(Stenven Speilberg)와 같은 구체적인 이름을 여러 개 댈 수 있을 것이다. 물론 각 인물의 업적은 서로 다르게 평가할지도 모른다.

우선 인류의 업적 가운데서 가장 위대한 발명과 가장 창의적인 작품을 꼽아보자. 특히 역사 속에서 그 사례를 찾아보기 쉽다. 여러분이 선택한 인류의 10대 업적은 무엇인가? 포커스(Focus: 1997년 4월과 5월 호)에서는 독자들의 투표와 전문가들의 추천으로 100대 발명 목록을 작성했다. 그 가운데서 5위 안에 드는 업적은 다음과 같다.

① 하수 처리 시설: 1850년에 영국은 런던 거주자 2만 명이 콜레라로 사망한 후에 하수 처리 시설을 설치했고 유럽 전역의 도시도 그 선례를 따랐다.

② 컴퓨터: 영국의 수학자 찰스 배비지(Charles Babbage)가 19세기에 생각해 낸 아이디어였지만 2차 세계 대전 이후에 상용화됐다.

③ 인쇄기: 1450년에 요하네스 구텐베르크(Johannes Gutenberg)가 발명했다. 인쇄기가 발명된 후 모든 사람들이 정보를 쉽게 얻을 수 있었다.

④ 불: 약 9천년 전부터 체계적으로 불을 사용하기 시작했다. 불이 없었다면 우리가 무엇을 할 수 있었겠는가?

⑤ 바퀴: 약 5,500년 전에 바위를 옮기는 도구로 사용했던 통나무에서 발전된 발명품이다.

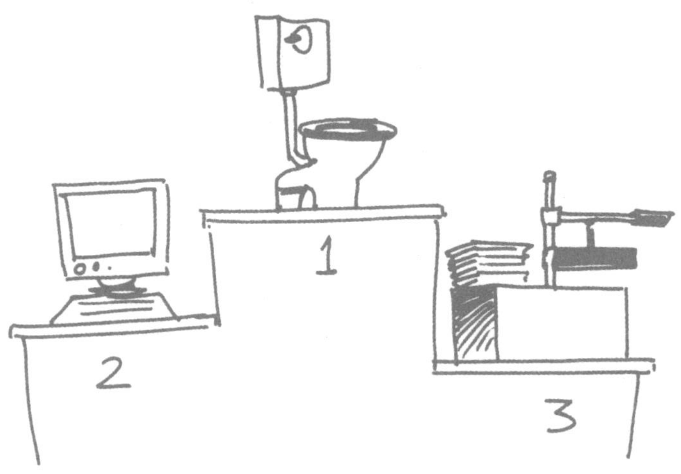

그밖에도 다음과 같은 업적이 100대 발명 목록에 들어있었다.

라디오(6위), 항생제(7위), 인터넷(8위), 트랜지스터(9위), 레이저(10위), 피임법(12위), 플라스틱(14위), 비행법(15위), 전기(18위), 자동차(23위), 지도(28위), 돈(29위), 전화(34위), 사진(38위)

그런데 놀랍게도 20세기의 업적은 과학과 기술 분야에서도 두각을 드러내지 못했다.

'역사 속에서 가장 오래 기억될 위대하고 창의적인 작품은 무엇인가?' 1999년 1월에 선데이 타임스(Sunday Times)는 독자에게 이런 질문을 던졌다. 흥미롭게도 다음과 같은 작품이 역사상 가장 위대한 5대 업적에 들었다.

① 윌리엄 셰익스피어(William Shakespeare)의 햄릿
② 미켈란젤로(Michelangelo)의 '다비드상'
③ 미켈란젤로의 조각상 '피에타'
④ 윌리엄 셰익스피어의 리어왕
⑤ 미켈란젤로의 시스틴 예배당

이처럼 서적과 연극, 미술품, 조각품, 음악, 건축물, 그리고 영화 한 편이 상위 50위를 휩쓸었다. 놀랍게도 50위권에 진입한 작품 가운데서 과학과 수학 분야의 작품은 다윈

(Darwin)의 ≪종의 기원≫뿐이었다. 더군다나 비틀스(Beatles)의 노래, 시민케인(고전 영화), 제임스 조이스(James Joyce)의 율리시즈, 시드니의 오페라 하우스를 제외하면 20세기의 작품은 거의 없었다.

하지만 세계를 바꿔놓은 위대한 작품이나 발명품에서만 창의성을 엿볼 수 있는 것은 아니다. 인간 활동의 모든 분야에 창의성이 깃들어있다. 즉, 우리가 일반적으로 창의적이라고 생각하는 일들이 일상생활 속에서 일어나고 있는 것이다.

사례 연구

미국 만화 '심슨 가족'을 열렬히 사랑하는 시청자를 위해서.

'심슨 가족'은 항상 주인공 바트(Bart)가 칠판에 글을(그 가운데서 나는 '선생님의 항울제를 숨겨놓지 않겠다' 와 '구운 콩은 악기가 아니다', '사람 목에 도넛을 걸지 않겠다' 와 같은 글을 가장 좋아한다)쓰는 장면으로 시작되는 데 그 내용이 매회 마다 다르다.

또한 '심슨 가족' 이 집에 도착해서 텔레비전 앞에 앉는 모습도 매번 다르다. 가끔씩은 너무 특이해서 괴상하거나 비현실적으로 보이기도 한다.

여러분은 독특한 그 모든 장면 가운데서 어떤 부분을 가장 좋아하는가?

창의력의 본질

창의력은 우리의 사고와 사회생활과 연관되어 있다. 그와 연관된 중요한 개념 몇 가지를 40쪽에 도표로 그려놓았다.

설령 우리가 소설이나 발명품에 초점을 맞춘다 해도 창의성의 일면을 다양하게 정의할 수 있다. 예를 들어 창의력이란 '생산하다, 창조하다, 발명하다, 발견하다, 착상하다, 상상하다, 형성하다, 구성하다, 생각해내다, 고안하다'는 뜻이다.

그러므로 창의력이라는 단어는 복잡하고 다양한 현상을 뜻한다. 창의력과 관련된 몇몇 용어는 비슷한 의미를 가지고 있으므로 각각의 의미를 확실히 구별해야 한다.

- 창의력은 뭔가를 만들거나 생산해낸다는 뜻이다.
- 개인적인 측면에서 창의력은 상상력을 말한다.
- 혁신은 뭔가 새로운 것이나 방법을 도입한다는 뜻이다.
- 발견은 전에는 알려지지 않았던 뭔가를 찾아내거나 알아낸다는 뜻이다.

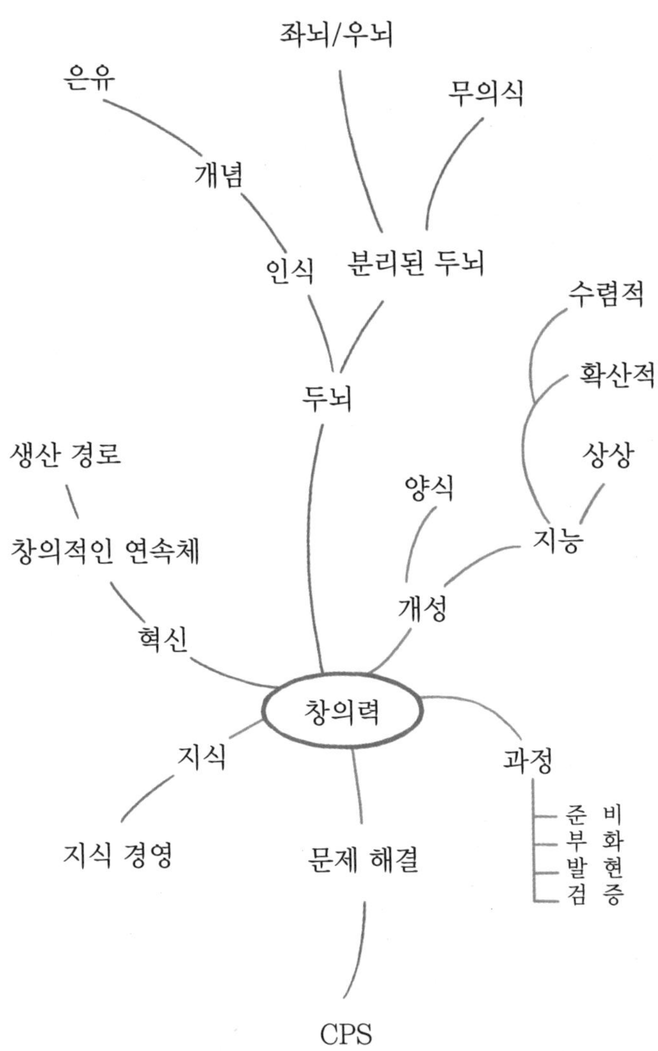
좌뇌/우뇌
은유
무의식
개념
인식
분리된 두뇌
수렴적
확산적
두뇌
생산 경로
상상
양식
지능
창의적인 연속체
개성
혁신
창의력
지식
과정
준 비
부 화
발 현
검 증
지식 경영
문제 해결
CPS

이처럼 창의력의 의미가 다양하므로, 창의적인 사람이 되는 방법과 창의적인 결과물을 평가하는 기준도 다양하다.

인간은 일상생활 속에서 다양한 창의적인 행동을 목격하기 때문에 창의성을 저마다 다르게 해석한다. 정확히 말해서 사람의 행동이 저마다 다르고, 그들이 만들어낸 상품 또한 다양하기 때문에 창의력을 한 마디로 똑같이 정의할 수 없다는 뜻이다. 사람과 상품에 대한 생각이 사람마다 다르듯이 각자가 생각하는 창의력의 정의도 다르다.

20세기 후반에는 창의성을 미술품과 같은 개인의 창의적인 작품에만 한정하지 않고 심층적으로 연구했으며, 그러한 연구는 아직도 계속되고 있다.

우리가 생각하는 창의력의 특징은 다음과 같다.

- 새롭고 색다름.
- 기발함.
- 특이함.
- ‘유레카’ 라고 외치는 순간 아이디어를 얻게 됨.
- 평범하거나 전형적인 것에서 벗어남.
- 영리함.

이번에는 창의력의 다양한 정의를 소개하겠다.

'해결책, 아디이어, 개념, 예술적인 형태, 이론, 혹은 독특하거나 새로운 상품을 생산해내는 정신적 사고 과정(펭귄사의 《심리학 사전》)'

'낡은 요소를 새롭게 조합하거나 새로운 아이디어, 혹은 새로운 상품을 생산해내는 과정(하몬(Harmon), 1955)'

'어려움, 문제, 정보의 단절, 빠진 요소, 왜곡된 부분을 감지해서 부족한 부분을 추론해내고 그에 대한 가설을 세운 뒤, 그 추론과 가설을 평가하고 점검한 다음에, 다시 수정하고 재검토한 후, 마지막으로 결과를 도출해 내는 과정(토렌스(Torrance), 1988)'

마지막에 언급된 토렌스의 정의는 창의력을 발휘하는 과정과 순서를 자세히 설명한 것이다.

창의적인 과정

창의력의 정의는 50개에서 60개에 달한다. 각각의 정의는 아래와 같은 세 가지 요소 가운데서 어디에 중점을 두느냐에 따라 달라진다.

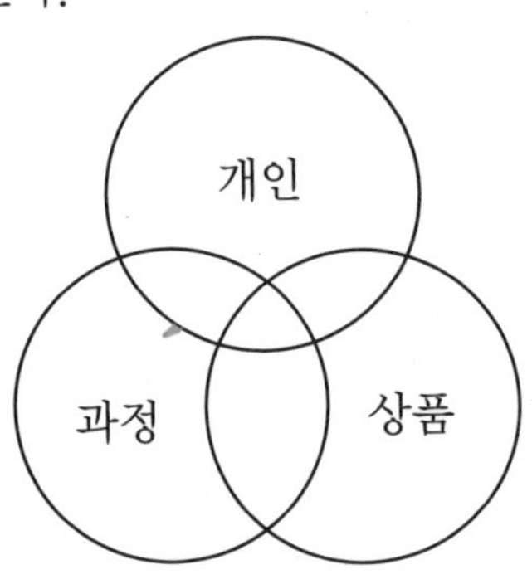

① 개인: 사람(혹은 앞으로 토의할 그룹을 말하기도 함)을 말한다. 개인은 사고력을 발휘해서 아이디어를 생각해 낼 수 있는 존재다.

② 과정: 일정 시간 동안 다양한 단계를 거치는 사고 과정을 말한다.

③ 상품 혹은 결과물: 종종 아이디어나 모형, 이론, 혹은

계획을 말하기도 한다.(이 경우에는 개인이 사고 과정을 거쳐 그 아이디어나 계획을 현실에 맞게 수정한 후 상품을 생산하는 과정을 반복해야 한다) 또한 서류나 음악 작품, 상품과 같은 만질 수 있는 형태를 뜻하기도 한다.

창의적인 개인

앞서 말했듯이 과거나 현재의 창의적인 인물을 열거하기는 쉽다. 하지만 여기서 몇 가지 의문점이 생긴다.

- 축구를 하는 사람보다 시를 쓰는 사람이 더 창의적인가?
- 회계사보다 소설가가 더욱 창의적인 사람인가?
- 여러분의 아이가 그린 첫 번째 지두화(指頭畵. 손바닥이나 손가락에 물감을 묻혀서 그린 그림)를 창의적이라고 말할 수 있는가?(물론 많은 부모들이 자기 아이의 그림을 자랑스러워한다)
- 우리 모두가 창의적인가, 아니면 특별한 몇 사람만이 창의적인가?

창의력을 발휘하여 세계나 사고방식을 바꾼 사람은 의심할 여지없이 창의적인 존재다. 하지만 역사 속에서 두각을 나타낸 소수의 사람들만을 창의적이라고 말할 수는 없다. 그렇다면 이런 사람들은 어떤가?

이야기를 재치 있게 잘하는 사람이 창의적인가? 순간적인 기지가 뛰어난 똑똑한 사람일뿐이지 창의적인 사람은 아니다.

세계를 새로운 각도에서 바라보는 사람이 창의적인가? 이것만으로는 창의적인 사람이라고 말할 수 없다.

우리는 가치를 인정받은 상품을 창의적이라고 말한다. 그러므로 먼저 상품의 가치를 결정해야 한다. 그렇다면 '누가 어떻게 상품의 가치를 결정하는가?' 우리는 이제부터 이 질문의 답을 찾아볼 것이다. 또한 수요일에는 '우리가 창의적이라고 생각하는 사람들은 서로 다른가', 다르다면 '어떻게 다른가' 라는 두 가지 중요한 질문을 던져볼 예정이다.

창의적인 상품

무엇이 창의적인 상품인지를 알아내려면 다른 사람들의 생각을 고려해야한다. 미하이 칙센트미하이(Mihaly Csikszentmihalyi. 시카고 대학의 심리학 교수)는 사람들이 생각을 교환할 때 창의적인 상품이 나온다고 말했다. 또한 그는 창의력의 구성요소를 다음과 같이 세 가지로 정의했다.

① 영역: 상징적인 규칙과 절차로 이루어진 지식체계다. 과학과 수학, 예술이 모두 영역이며, 각 영역은 세분화된다. 다음은 사회생활과 관련된 영역이다.

- 경영
- 회계
- 이동 통신
- 서적 출판
- 소매업
- 정보 서비스

② 개인: 지식을 응용하고 변형해서 새로운 아이디어나 양식을 도출해낼 수 있는 존재다.

③ 현장: 새로운 아이디어의 가치를 판단하는 판사와 영역의 길목을 지키며 어떤 아이디어를 영역에 포함시킬지를 결정하는 문지기 역할을 하는 사람들, 혹은 그런 사람들로 구성된 단체를 말한다. 아이디어와 상품을 선별해서 영역에 포함시키는 현장(사람들이나 단체)은 다음과 같다.

※ 경영진(사업제안을 수용하여 영역에 포함시킨다)

※ 고객(상품을 구매하여 영역에 포함시킨다)

※ 동료

※ 신문이나 협회(예-미국영화아카데미 협회에서 오스카상을 수여하여 영화를 영역에 포함시킨다)

이런 현장의 구성원들은 새로운 아이디어와 제안을 영역에 포함시킬 것인가를 결정할 때 창의성을 판단기준으로 삼는다.

이렇게 되면 다시 원점으로 돌아가서 '창의성이 무엇인가' 라는 질문을 던질 수밖에 없다. 이 질문에 간단하게 대답하면 현장의 구성원들이 창의적이라고 판단한 것이 창의적인 결과물이다. 그러므로 셰익스피어나 미켈란젤로 같은 사람이 되지 않아도 창의적인 사람이 될 수 있다. 우리가 선택한 영역이 종이 접기라면 그 현장에서 인정받을 만큼 가치 있고 창의적인 뭔가를 발명하여 창의적인 사람이 될 수 있다. 다시 말해서, 각(현장의) 판사들이 창의적이며 참신하다고 생각하는 상품이 창의적인 상품이다.

게다가 대부분의 영역은 자연스럽게 끊임없이 발전한다. 다시 말해 아이디어와 모형, 이론, 상품이 항상 변한다는 뜻이다. 사람들이 새로운 시각과 새로운 사고방식을 제시하기 때문에 영역도 점점 새롭게 변한다.

요약

우리가 오늘 살펴본 주요 내용은 다음과 같다.

- 우리가 창의적이라고 부르는 것들은 그 종류가 매우 다양하며, 창의성의 정의는 다양하다. 그렇기 때문에 창의력은 매우 복잡한 요소다.
- 일상생활 속에서 재치 있거나 색다르고 기발한 창의적인 행동을 찾아볼 수 있다.

※ 창의력은 개인과 과정, 상품으로 구성된 복잡한 요소다.

※ 모든 개인은 일상생활 속에서 창의적으로 행동하지만 현장에서 인정받아야만 진정으로 창의적인 사람이 될 수 있다.

※ 결과물을 만들어 내기 위해 지적인 단계를 거치는 과정에서 창의성이 발휘된다.

※ 진정으로 창의적인 상품은 다음과 같은 창의력의 세 가지 구성 요소를 만족시켜야 한다.

* 개인	* 영역	* 현장

내일은 창의적인 사람의 특징에 대해서 더 자세히 살펴보겠다.

창 의 적 인 컴 퓨 터

화 요 일

TUESNDAY

창의적인 컴퓨터

꿈꾸는 법을 배우면 진실을 발견할 수 있다.

—케쿨레(Kekule)

오늘은 두뇌를 의식적으로 사용해서 아이디어를 얻고 행동하는 법을 살펴보겠다. 먼저 두뇌에 대해 알아보자. 두뇌는 아이디어를 생각해내고 상상력을 발휘하는 공장이다. 여기서는 지난 20년 동안 밝혀진 두뇌의 여러 가지 기능 가운데서 기본적인 기능 몇 가지를 검토해보고 두뇌와 잠재적인 창의력이 어떤 관련을 맺고 있는지 알아보겠다.

오늘은 다음과 같은 요소를 분석해 보려고 한다.

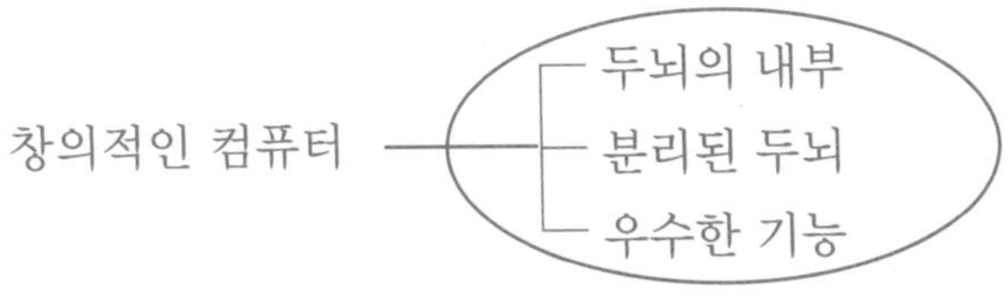

두뇌의 내부

두뇌는 믿을 수 없을 만큼 놀랍고 복잡한 장치이며 신경 시스템의 중심부에 해당하는 중앙 연산 처리 장치다. 이런 두뇌는 외부에서 정보를 입수하고 처리하여 신체의 다른 모든 기관과 조직에 그에 적합한 행동을 취하라고 명령을 내린다.

두뇌 자체는 수많은 물질적인 조직으로 나누어져 있고 그 가운데서 몇몇 조직은 무의식적으로 신체의 시스템을 운영한다. 우리가 오늘 살펴볼 두뇌 조직은 언어 능력과 사고 능력, 소리 감지와 같은 우수한 기능을 담당하는 대뇌 피질로 두뇌의 맨 꼭대기에 있다.

모든 두뇌 조직의 기본적인 단위는 뉴런이다. 대뇌 피질에는 약 100억 개의 뉴런이 있으며, 각각의 뉴런은 수백만 개의 다른 뉴런과 연결돼 있다. 그리고 뉴런 하나가 초당

500번까지 신호를 보낼 수 있기 때문에 두뇌의 정보 처리 속도는 믿을 수 없을 정도로 빠르다.

대뇌 피질의 뉴런은 기능에 따라 분류돼 있으며, 그 가운데서 몇 가지 기능을 담당하는 뉴런은 두뇌의 특정 부위에 집중되어 있다. 예를 들어 시각 기능을 발휘하는 뉴런이 그러하다. 하지만 기억력과 같은 기능을 담당하는 뉴런은 대뇌 피질뿐만 아니라 두뇌 전체에 널리 퍼져 있다.

이처럼 두뇌의 물질적인 조직은 서로 연결되어 있고 복잡한 비선형 방식으로 정보를 처리한다. 이것이 바로 적응력이 뛰어난 복잡한 시스템인 두뇌의 전형적인 특징이다. 한편, 두뇌는 매우 이해하기 어려운 조직이기도 하다. 그래서 두뇌라는 형이상학적인 왕국에 관한 몇 가지 의문점이 생겨난다. 두뇌와 정신은 어떤 관계를 맺고 있는가? 의식은 어디에서 생기는가? 이처럼 이해하기 어렵고 복잡한 두뇌의 기능을 자세하게 파악하기는 힘들다. 사실상, 우리는 두뇌에 대해서 아는 것보다는 모르는 것이 더 많다.

그래서 수년 동안 많은 사람들이 두뇌라는 조직을 이해하기 위해서 적절한 비유법을 사용했다. 두뇌는 기계인가? 아니다. 기계라고 하기에는 너무 복잡하다. 그렇다면 컴퓨터인가? 두뇌는 고도의 정보 처리 장치이기 때문에 컴퓨터와 유사하다. 하지만 컴퓨터와 다른 특징이 많기 때문에 그 비유에도 한계가 있다. 하지만 비유법이 원래 그렇듯이 컴퓨터라는 비유적인 표현은 복잡한 두뇌를 간단하게 정의하여 그 일부나마 이해할 수 있도록 도와준다.

분리된 두뇌

심리학자들과 신경학자들은 두뇌의 구조와 기능을 이해하기 위해 많은 노력을 기울였다. 과학자들은 두뇌의 활동을 기록하는 장치를 이용해서 정신 활동과 두뇌의 물리적 활동 간의 연관관계를 분석한다. 심리학자들은 인식력과 기억력과 같은 두뇌의 기능을 연구한다.

분할뇌(좌뇌와 우뇌가 기능적으로 분리된 뇌)

약 30년 전에 R. 스페리(Sperry)와 M. 가자니가(Gazzaniga)는 동료들과 함께 양쪽 두뇌를 연결하는 부위(뇌량)가 절단된 사람들을 연구했다. 그들은 두뇌의 양반구가 서로 교류를 하지 못할 때 어떤 일이 일어나는지 관찰한 후 양쪽 두뇌가 서로 다르지만 보완적인 기능을 담당하고 있다는 사실을 발견했다. 이러한 사실은 창의력에 관한 많은 책에서 인용된 바 있다. 두뇌의 양반구는 다음과 같이 서로 다른 기능을 수행한다.

좌뇌

- 분석적인 기능
- 논리적인 기능
- 말하는 기능(언어 영역)
- 계산하는 기능
- 순서를 인식하는 기능

좌뇌는 이성을 통제하는 부분으로 우뇌에 비해 좀더 의식적이고 논리적이다.

우뇌

- 전인적 성장 기능
- 이미지를 인식하는 기능
- 감정적인 기능
- 공간 지각 기능
- 음악적 기능

우뇌는 재치 있는 상상력의 원천으로 모호하고 비유적인 심상을 인식하며, 전인적 성장을 도와준다.

그래서 진정한 창의력은 우리가 일상생활 속에서 거의 쓰지 않는 우뇌에서 나온다는 주장이 있다. 많은 전문가들은 '오른쪽 뇌를 많이 개발하면' 창의력을 자연스럽게 증진시킬 수 있다고 주장한다.

하지만 1970년대부터 그와 같은 주장의 신빙성이 다소 떨어지기 시작했다. 현실 세계는 전보다 더 복잡해졌고 심지어는 전문가들조차도 좌뇌와 우뇌의 기능을 각기 다르게 설명했다.

상충되는 주장 가운데 어느 쪽이 옳은지는 알 수 없지만 두뇌가 고도의 정보 처리 기능과 개념을 형성하는 기능을 담당하며, 창의성과 깊은 관련을 맺고 있다는 사실은 분명하다.

우리는 학문적인 논쟁의 세부 사항에 신경 쓰기보다는 분할뇌 이론을 바탕으로 창의적인 사고 처리 '방식' 이 일반적인 사고 과정과는 다르다는 사실을 깨달아야 한다.

또한 복잡한 정보를 처리하려면 양쪽뇌가 모두 필요하다는 사실을 간과해서는 안 된다. 예를 들어 농담을 이해하려면 좌뇌를 활용하여 정보를 문자 그대로 이해하는 동시에 우뇌를 활용하여 직관적으로 숨은 뜻을 파악해야 한다.

의식적인 두뇌와 무의식적인 두뇌

두뇌는 좌뇌와 우뇌로 분할되어 있을 뿐만 아니라 사고 과정이 드러나 '보이는' 의식적인 두뇌와 그 과정이 '보이지 않는' 무의식적인 두뇌로 나누어져 있다.

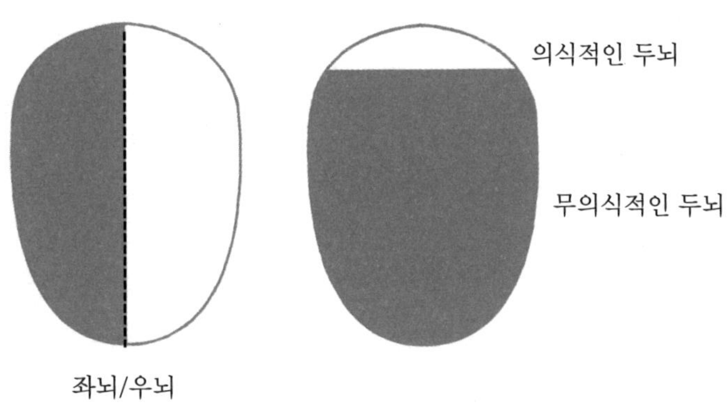

분명한 사실은

① 의식적인 두뇌 아래에 있는 무의식적인 두뇌에서 매우 이상한 활동이 일어나며

② 의식의 아래(나 표면에서)에서 일어나는 활동이 창의적

인 사고에 중요한 영향을 끼친다는 것이다.

다음 그림을 잘 살펴보자.

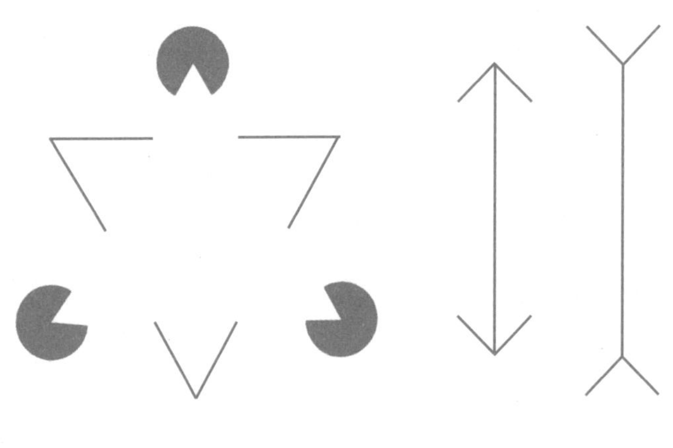

왜 하얀 삼각형이 눈에 띄는가?　　어느 선이 가장 긴가?

이와 같은 착시현상을 통해서 우리는 의식의 통제를 벗어난 설명할 수 없는 이상하고 특별한 활동이 두뇌 속에서 일어나고 있으며, 우리가 상상한 현실이 실제 세계와 다소 비슷하다는 사실을 알 수 있다.

또한 이와 같은 현상은 의식과 무의식의 경계가 불분명하다는 사실을 말해준다. 나중에 다시 언급하겠지만 이런 특징은 유리하게 활용할 수 있다.

우수한 기능

창의성은 두뇌의 우수한 기능과 연관되어 있다. 40쪽의 도표는 그 가운데서 중요한 기능 몇 가지를 명시하고 있다.(40쪽의 도표는 전적으로 개인적인 것이므로 여러분에게 적합한 도표를 다시 그릴 수 있다)

지금부터는 그 가운데서 개념과 직관이라는 두 가지 기능이 창의적인 사고와 어떤 관계가 있는지 살펴보겠다.

개념

개념은 우수한 지각 기능의 핵심이 되는 요소로서 정보를 이해하고 처리해서 요약한 후 활용할 수 있도록 만드는 방법이다. 개념화하는 능력은 인간 고유의 특징이다.

그렇다면 어떻게 개념을 형성하는가? 우리는 경험을 일반화하고 생각을 범주에 따라 분류해서 개념을 만들어낸다. 말할 것도 없이 개념을 형성하는 방식은 개인마다 다르다. 그러므로 개인은 경험과 생각을 개념화하는 과정에서 창의력을 발휘한다. 또한 우리는 경험과 생각을 범주에 따라 분류하고 재정리하는 개념화 능력을 발휘함으로써 주변 세계를 파악한다.

수학자 더글러스 R. 호프스태터(Douglas R. Hofstadter. 미시간 대학과 인디애나 대학에서 인지과학과 컴퓨터 과학교수로 재직한 과학자)는 '불완전성(slippability. 우리는 복잡한 개념을 이해할 때 비유법을 이용한다. 가장 좋은 비유는 대상의 주요한 특징을 비슷하지만 약간 다르게 묘사한 것이다. 너무 정확하게 비유를 하면 창의력을 발휘할 여지가 없어진다. 이와 같은 비유의 특성을 호프스태터는 불완전성이라고 칭했다)'에서 창의적인 능력이 파생된다고 말했다.

개념이나 범주가 중복되거나 변하는 것을 불완전성이라고 한다. 개념을 형성하는 능력이 중요하다면 각 개념을 더욱 확실하게 분리해서 정의하는 것이 좋을 것이다. 하지만 모든 개념에는 경계가 '불분명한' 요소가 있다. 그리고 이런 개념이 서로 중복되고 어느 정도 동일해질 때 창의적인 생각이 흘러나온다.

개념이 중복되지 않는다 – 경직된 생각

개념이 중복된다 – 창의적인 생각

이처럼 개념이 중복되는 경우는 우연이나 무의식중에 일어나기도 하지만 일상생활 속에서 쉽게 찾아볼 수 있다. 예를 들어 동음어를 오용하는 경우와 본심이 드러나는 실언을 하는 경우가 있다. 노련한 사상가들은 중복된 개념을 활용해서 다양한 개념과 혼합된 개념, 그리고 세상을 바라보는 완전히 새로운 방식을 창출해 낼 수 있다.

범주를 중복시키는 것은 기존의 주제를 '변형시키거나' 다양화하는 방식이다. 이것이 바로 창의적인 아이디어를 얻어내는 과정이다. 하지만 창의적인 인물들이 제시한 거창한 아이디어와 비교하면 주제를 '변형시키거나' 다양화하는 방식은 시시해 보일지도 모른다. 그러나 위대한 사상가들도 평범한 사람들과 비슷한 생각을 했다. 역사에 길이 남은 위대한 발명품과 작품들은 모두 전대 사람들과 동시대 사람들의 아이디어와 주제를 바탕으로 만들어졌다. 그들은 전대 사람들과 동시대 사람들의 아이디어를 재해석한 후 세계를 바라보는 새로운 시각을 제시했다.

주제를 다양화하는 것은 창의력의 핵심이다.

직관의 역할

정보와 개념을 무의식적으로 이해하는 능력을 직관이라고 한다.(흥미롭게도 인간이 오랫동안 사용해온 직관의 과학적 근거가 최근에서야 밝혀졌다)

> 인간은 진화하면서 문제 해결의 전략인 직관을 잃어버린다.
>
> *–스티븐 핑커(Steven Pinker)*

의식과 무의식으로 구분되는 각기 다른 세계가 있다. 두뇌는 여러분이 의식하지 못하는 사이에 항상 정보를 흡수하고 이미지를 만들며 그것을 결합하여 지식을 형성한다. 이처럼 무의식적으로 형성된 지식은 입 밖으로 소리 내어 말할 수 없다. 말하는 행위는 '의식적인 두뇌'에서 관장하는 기능이기 때문이다. 비록 의식적으로는 그 지식을 이용할 수 없지만, 그 지식은 여전히 우리의 행동과 생각에 영향을 미친다. 게다가 우리는 무의식적으로 그 지식을 배우고 활용할 수 있다. 이것을 바로 묵시적인 학습이라고 한다. 이런 학습을 통해서 사람들은 깨닫지도, 말로 표현하지도 못하는 규칙의 결합을 이해할 수 있다.

그러므로 최상의 학습 전략이자 문제 해결 전략은 모든 일을 두뇌에게 맡기는 것이다. 그러면 두뇌는 알아서 정보를 입수한 후에 처리한다. 정말로 이렇게 간단하단 말인가? 오하이오에 사는 상담 심리학자 게리 클레인(Gary Klein)은 전문가들이 시간과 정보가 부족할 때 중대한 문제를 어떻게 해결하는지 연구했다. 그 결과, 그는 노련한 전문가들이 종종 논리적이고 합리적으로 심사숙고하는 의사결정 과정을 거치지 않는다는 사실을 발견했다. 만약 직관에 따라 내린 결정이 조직적인 방법을 사용해서 내린 결정만큼 괜찮거나 그보다 낫다면 아무 문제가 없을 것이다. 그래서 클레인은 다음과 같은 실험을 했다.

그는 몇몇 사람들에게 심사숙고해서 결정해야할 문제를

제시하고, 다른 사람들에게는 즉석에서 결정해야할 문제를 제시했다. 실험 결과, 그는 '심사숙고해서 결정해야 할' 문제를 검토한 사람들이 생각을 많이 바꿨다는 사실을 알아냈다. 이 실험을 통해 우리는 다음과 같은 사실을 알 수 있다.

1 두뇌의 무의식적인 처리 능력을 활용하는 직관으로 더 나은 결과를 도출해 낼 수도 있다.

2 두뇌는 보이지 않는 곳에 '묵시적인' 기억을 저장하고, 무의식적으로 정보를 처리한다. 또한 이와 같은 주장을 뒷받침해 주는 증거가 점점 증가하고 있다.

사실, 직관은 '상식'을 활용하는 능력이다. 다시 말해 여러분은 오랜 세월동안 두뇌에 저장해 둔 지식을 바탕으로 직관을 발휘하여 결정을 내리는 것이다. 영국의 수학자이자 철학자인 조지 스펜서 브라운(George Spencer Brown)은 간단한 진리를 하나라도 도출해 내려면 바쁘게 돌아다니지

말고 오랜 시간동안 명상을 해야 한다고 말했다. 추론과 계산으로 진리를 도출해 낼 수는 없다.

'한잠 자고 나서 생각하자' 라는 말을 많이 들어봤을 것이다. 이 말처럼 우리는 항상 명상과 관련된 보이지 않는 무의식적인 사고 과정을 중시했다.

하지만 현대 조직 사회에서 우리는 주로 '좌뇌를 사용해서' 지나치게 합리적이며 논리적인 생각을 한다. 그렇기 때문에 결합력이 뛰어나고 직관적인 우뇌의 능력을 활용해서 재치 있는 접근방식을 개발할 겨를이 없다.

요약

오늘 우리는 두뇌에 관한 지식과 두뇌의 기능을 알아보았다. 하지만 수천 장에 달할 정도로 자세하고 깊이 있는 내용을 모두 검토한 것은 아니다. 다만 몇 가지 유용한 결론을 이끌어낼 수 있을 정도의 내용을 대략적으로 훑어보았다. 그 내용을 요약해 보면 다음과 같다.

- 두뇌는 복잡하다.
- 우수한 기능을 담당하는 조직은 주로 두뇌 전체에 분포되어 있다.
- 좌뇌와 우뇌의 기능은 서로 다르지만 보완적이다.

※ 창의성을 연구할 때 의식과 무의식을 중시해야 한다.

※ 개념의 불완전성과 직관을 활용하여 두뇌의 의식적인 과정과 무의식적인 과정을 결합할 수 있다.

창 의 적 인 사 람 이 되 자

수 요 일

WEDNESDAY

창의적인 사람이 되자

> 독창성은 간단히 말해서 한 쌍의 참신한 눈이다.
>
> *–우드로 윌슨(Woodrow Wilson)*

오늘 우리는 창의적인 사람들을 살펴보겠다. 창의적인 사람들의 특징은 무엇인가? 어떻게 하면 창의적인 상상력을 발휘할 수 있는가? 창의적인 사람들은 다른 사람들과 다른가? 다르다면 어떻게 다른가?

오늘은 다음과 같은 요소를 분석해보겠다.

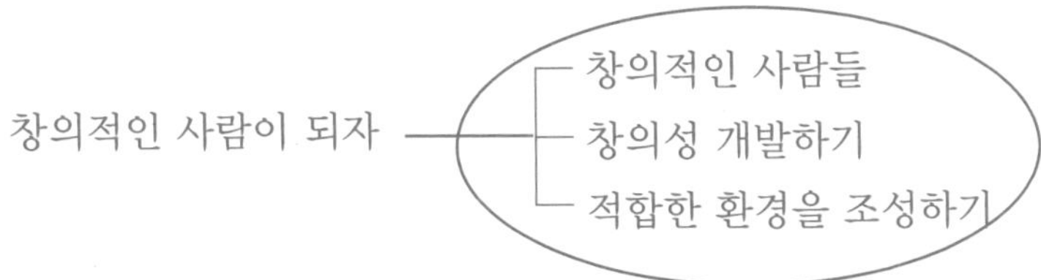

창의적인 사람들

월요일에도 말했듯이 다음과 같은 사람들만을 창의적이라고 말하지는 않겠다.

- 독특한 아이디어를 생각해 낸 사람.
- 재미있고 재치 있는 사람.
- 세계를 새로운 방식으로 바라보는 사람.
- '기발한' 행동이나 말을 하는 사람.

이런 사람들보다는 각자의 현장에서 창의성을 인정받은 사람들에 대해 이야기하겠다.

생활

창의적인 사람들의 개인적인 특징을 연구하려면 역사 속에서 천재라 불렸던 사람들의 삶과 성격을 살펴봐야 한다. 과학과 음악, 문학 등 예술 분야에서 인정받은 위인들의 삶을 연구해 놓은 자료가 상당히 많다. 그런 연구 자료를 살펴보면서 그들의 성격을 파악해 볼 예정이다. 하지만 그 전에 보통사람과는 다른 삶을 살았던 창의적인 사람들의 공통점에 주목할 필요가 있다. 여기에 몇 가지 공통적인 특징을 열거해보았다.

- 어린 시절에(특히 부모와 같은) 중요한 사람을 잃었다.
- 가정이 붕괴되거나 분열되었다.
- 믿을 수 없을 정도로 많은 작품을 생산해냈다.

  예를 들어

  피카소(Picasso)는 2만 개가 넘는 작품을 그렸으며,

  에디슨(Edison)은 1,093개의 특허를 따냈고,

  프로이드(Freud)는 330권의 저서를 펴냈다.
- 서슴없이 유치한 질문을 한다. 예를 들어 앨버트 아인슈타인(Albert Einstein)은 '내가 광선 위에 올라탈 수 있다면 어떤 일이 벌어질까?' 라는 질문을 했고, 그 결과 상대성 이론을 발견했다.

※ 오랜 시간동안 한 영역에 몰두하여 눈부신 성공을 거두었다.

※ '적절한 비동시성(非同時性. 비동시성이란 창의적인 인물과 그 인물의 업적을 평가하는 동시대 사람들의 의견 차이로 빚어지는 갈등을 말함. 비동시성이 너무 강하거나 너무 약하면 창의성을 인정받지 못한다)'을 지녔거나 남다른 존재였다.

다음 세대의 위대한 발명품

다음 다음 세대의 위대한 발명품

다음 다음 다음 세대의 위대한 발명품

지능

지능은 교육적인 성취와 삶의 성공을 예측하는 척도다. 흔히 IQ 혹은 지능 지수로 지능을 측정한다. 하지만 지능 지수는 다소 평판이 나쁜 측정 방법이다. 그래서 최근에는 분석적으로 문제를 해결하고 창의력을 발휘하는 데 중요한 지각 기술을 의미하는 '유동적 지능'이라는 용어를 사용한다.

대체로 창의적인 사람들은 일반 사람보다 지능이 높다. 그러나 지능이 높다고 해서 창의적인 사람이라고 말할 수는 없다. 그저 '적절한 수준의' 유동적 지능만 갖추고 있으면 창의적인 사람이 될 수 있다.

유동적 지능과 '유사한' 개념인 결정적 지능은 타고난 기술과 지식을 말한다. 여러분은 평생 동안 이런 기술과 지식을 갈고 닦는다. 앞서 기존의 지식체계인 영역을 이해하고 파악해야 창의력을 발휘할 수 있다고 말했다. 그 말은 바로 결정적 지능이 창의성에 중요한 영향을 미친다는 뜻이다.

하워드 가드너(Howard Gardner)는 ≪정신의 구조(Frames of Mind)≫라는 책에서 지능의 종류는 다양하며, 인간은 창의적인 잠재력에 따라 각기 다른 지능을 발휘한다고 주장했다. 가드너가 제시한 지능의 종류는 다음과 같다.

- 시각 공간적 지능
- 언어적 지능
- 대인관계 지능
- 음악적 지능
- 논리 – 수학적 지능
- 신체적 지능

대니얼 골먼(Daniel Goleman)은 감성 지능도 지능의 한 종류라고 말했다. 많은 사람들이 그의 주장을 지지하고 있으므로 감성 지능은 앞으로 사회적인 측면과 대인 관계 혹은 행동적인 측면에서 창의성을 측정하는 훌륭한 척도가 될 것이다.

개인적인 특징

창의적인 사람들은 외형이나 몸집이 모두 다르며 성격과 개인적인 취향도 다양하다. 그래서 창의적인 사람들의 공통점을 찾아내기는 어렵다. 창의적인 사람은 외향적인가? 상당히 외향적인 사람처럼 보이기도 하지만 한편으로는 그렇지 않은 것 같다. 창의적인 사람은 공격적인가 아니면 협조적인가? 사실상, 그들은 공격적인 동시에 협조적이다. 이것이 바로 창의적인 사람들의 모순적인 성격이다. 이와 같은 복잡한 지각 구조가 창의적인 사람들의 특성 가운데 한 가지다. 창의적인 사람들의 성격은 매우 변덕스러워서 그들의 기분은 아주 쉽게 극과 극을 오간다. 간단히 말해서 그들은 극도로 모순적인 사람들이다.

여기서는 미하이 칙센트미하이가 ≪창의성의 즐거움(Flow and the Psychology of Discovery and Invention)≫에서 제시한 창의적인 사람들의 몇 가지 흥미로운 양면성을 소개하겠다.

① 에너지: 창의적인 사람들은 자신들의 에너지를 조절해서 휴식을 취하거나 사색을 할 뿐만 아니라 활동적으로 행동하기도 한다.

② 지능: 창의적인 사람들은 명석하기도 하지만 유치하고 순진한 질문을 할 때도 있다. 또한 유연하고 융통성 있는 사고방식을 갖고 있다.

③ 자제력: 창의적인 사람들은 자제력을 발휘하여 끈기있게 열심히 일하지만 장난스럽고 가벼운 태도를 보이기도 한다.

④ 환상과 상상: 창의적인 사람들은 상상의 세계와 현실

세계를 자유롭게 넘나든다. 그리고 움직이고 변화하는 현실에 대처할 수 있다.

⑤ 내향성과 외향성: 창의적인 사람들은 은둔자처럼 생활하다가도, 주목받는 위치에 설 수 있다. 혼자서도 잘 지내는 사람들이지만 다른 사람들과 함께 있을 때도 편안해 한다.

⑥ 겸손과 자존심: 창의적인 사람들은 자존심이 강해서 자신의 업적이 무시당하는 것을 참지 못하는 동시에 겸손해서 자신의 업적을 과시하지 않는다. 그렇기 때문에 창의적인 사람들은 공격적이고 야망이 큰 동시에 욕심이 없고 애타적인 사람이라고 할 수 있다.

⑦ 남성적 성격과 여성적 성격: 창의적인 사람들은 남성의 강한 성격과 여성의 부드러운 성격을 동시에 드러낸다.

⑧ 독립적이고 반항적인 성격과 전통적이고 보수적인 성격

⑨ 열정적인 성격과 객관적인 성격

⑩ 개방적인 성격과 감성적인 성격: 창의적인 사람들은

주변 사람들의 생각을 개방적으로 받아들여 성공했을 때는 무척 즐거워하지만, 실패했을 때는 감성적인 성격 때문에 자기비관에 빠져 고통스러워한다.

위에 나열된 모든 성격을 소유한 사람은 없다. 하지만 창의적인 사람은 보통 사람보다 훨씬 더 다양한 행동 양식을 보여준다.

직장 내에서의 창의적인 행동을 연구한 또 다른 조사 결과에 따르면, 창의적인 사람들의 특징은 다음과 같다.

- 불확실하고 모호한 상황을 견뎌낸다.
- 자신감이 강하다.
- 틀에 얽매이지 않는다.
- 생각과 행동이 독창적이다.
- 천성적으로 강한 동기를 지니고 있다.
- 지적이다.
- 성공하겠다는 결심이 확고하다.

창의성 개발하기

사람들은 어떻게 창의력을 발휘하는가? 1926년에 그레이엄 월러스(Graham Wallas)는 유명한 창조자들을 분석하여 기술한 저서, ≪사고의 기술(The Art of Thought)≫에서 다음과 같은 창의적 사고의 4단계 모델을 제시했다.

① 준비: 정신을 집중해서 관련 정보를 수집한다.

② 부화: 무의식적으로 정보를 처리한다.

③ 발현: 순간적으로 문제의 핵심을 깨닫는다.

④ 검증: 발현 단계에서 통찰력을 발휘해서 얻은 깨달음을 평가하는 의식적이고 합리적인 과정이다.

이와 같은 4단계 모델을 자세히 살펴보면 창의성을 발휘할 때 직관과 '보이지 않는' 무의식적인 사고 과정이 얼마나 중요한지 알 수 있다.

성공하기 위해서 이와 같은 4단계 모델을 반드시 따라야 하는 것은 아니다. 그보다는 다음과 같은 과정을 거쳐야 깨달음을 얻을 수 있다는 사실이 더욱 중요하다.

- 숲에서 나무를 골라낸다. - 정보를 대량으로 입수하여 적절한 정보를 선택한다.
- 조각 그림의 조각을 맞춘다. - 아이디어와 개념을 종종 무의식적으로 결합하고 연결한다.
- 현실성을 점검한다. - 깨달음의 가치를 현실 세계의 기준에 맞추어 평가한다.

지금까지 창의적인 사람들과 창의적 사고 과정에 대해 자세히 알아보았으므로, 이제부터는 창의적인 사고를 활용하여 창의적인 결과물을 만들어내는 방법을 살펴봐야 한다.

개인의 창의성

앞에서는 주로 창의적인 사람들의 취향과 성격을 중점적으로 알아보았다. 이제는 그들이 어떻게 재능을 발휘했는지 생각해봐야 한다. 선천적으로 타고난 성격을 바꿀 수는 없지만 새로운 기술을 배우고 행동양식을 개선할 수는 있다. 창의적인 사상가가 되려면 무엇보다 다음과 같은 4가지 요소를 갖추어야 한다.

① 엄청난 양의 정보 – 긍정적인 태도로 끊임없이 학습하면서 기억력을 강화하고, 엄청난 양의 정보를 흡수한다.

② 아이디어를 생각해내려는 의지 – 재미있고 즐겁게 아이디어를 떠올려본다.

③ 커다란 쓰레기통 – 아이디어의 가치를 평가한 후 쓸모없는 아이디어는 버린다.

④ 넘쳐나는 에너지와 집중력 – 모든 에너지를 관심 분야에 쏟아 붓는다.

창의성 개발 전략

- 두뇌를 최대한 사용한다.
- 무의식을 활용한다.
- 직관을 이용한다.
- 개념을 모호하게 정의한다. – 융통성을 발휘하라.
- 호기심을 가진다. – 도전적인 질문을 한다.
- 즐거운 일을 한다. – 그리고 여러분이 하는 일을 즐긴다.
- 잘 하는 일에 몰두한다.

이제 마지막으로 언제 어디서 가장 창의적인 생각을 할 수 있는지를 알아보겠다.

적절한 환경 조성하기

아르키메데스(Archimedes)는 욕조에서 영감을 얻었고 뉴턴(Newton)은 사과나무 아래에서 영감을 얻었다. 여러분은 어디에서 가장 창의적인 생각을 할 수 있는가? 지금부터 창의적인 사람들의 체험담을 살펴보면서 창의력을 발

휘할 수 있는 적절한 환경에 관한 실마리를 찾아보겠다.

로페리 파크 경영 연구소의 J. 라미먼(J. Lammiman)과 M. 시레트(M. Syrett)는 ≪최고의 혁신(Innovation at the Top)≫라는 책에서 고위 관리자들과 이사들이 언제 창의적인 생각을 하는지를 소개했다.

영국 마즈다 자동차의 전무이사인 데이비드 헤슬롭(David Heslop)은 특이한 상황에서 영감을 얻었다. 예를 들어 그는 각기 다른 원액으로 향수를 만드는 조향사를 보고서, 아니면 정성과 세심한 주의를 기울여서 고급 음식을 만드는 주방장을 보고서, 혹은 불교 선종의 철학에 따라 정신수양을 하거나 조화로운 음악을 듣고서 영감을 얻었다. 그는 '음악은 언어가 아니라 그 자체가 창의적인 사고 과정이다' 라고 말했다.

고위 관리들은 개인적으로 읽고 보고 듣고 경험한 것들을 바탕으로 깨달음을 얻는다. 라미먼과 시레트는 그들을 연구하여 일 외의 관심사가 의사 결정 과정에 영향을 미친다는 사실을 알아냈다. 최고의 아이디어는 대부분 직장을 떠나 기차나 비행기로 여행을 할 때, 혹은 걷거나 쉴 때, 음악을 들을 때와 같은 자연스러운 상황에서 떠오른다. 특히 스포츠와 코미디가 아이디어 생성에 가장 큰 영향을 미친다. 아래에 아이디어를 자극하는 몇 가지 요소를 소개해 놓았다.

- 라디오나 텔레비전에 나오는 유머와 위트
- 아이디어 창출을 도와주는 친구나 개인적으로 아는 사람들과의 만남
- 기차에서 승객들과 나누는 이야기
- 동료들과의 대화나 접촉
- '꿈꾸며 정처 없이 방황하기(이런 일은 종종 정원을 가꾸거나 오페라를 보는 등 예기치 못한 상황에서 일어나기도 한다. 하지만 그 결과 눈부신 아이디어가 떠오른다)'
- 자극을 가하고 후원해주는 공동체와 전문가 그룹
- 독서 – 몇몇 사람들은 소설이나 역사적 인물을 통해

영감을 얻는다.

※ 라디오 – 특별한 방식으로 상상력을 자극한다.

※ 여가 – 여가를 즐기면서 기술을 연마하고, 열정을 되찾는다.

※ 창의적인 생각을 하기 위해 혼자서 시간을 보낸다.

성공한 사람들은 모두 자기만의 특별한 방식으로 창의력을 발휘했다. 독학으로 요리사가 된 마이클 브라스(Michael Bras)는 고향인 오베르뉴(Auvergne) 남쪽 지방의 언덕을 달리다가 영감을 얻어 야생 허브를 찾아냈다. 그는 세 번째로 미슐랭 스타(100년 전통을 자랑하는 미식 안내서 '미슐랭 가이드'에서 식당 등급을 매겨 최고의 레스토랑에게 수여하는 자격)를 수상했으며(1999), 어머니한테서 요리를 배웠고 특이한 야생 식물을 전문적으로 요리했다. '저는 일주일에 몇 번씩 산에 올라가 달리면서 아이디어와 영감을 얻습니다.' 이 말처럼 그는 자연 속에서 영감을 얻었고 음식으로 '표현의 자유, 경이로움, 삶의 기쁨'을 표현했다. 또한 요리는 '만드는 과정이나…… 우아하고 정적인 면에서' 재즈와 유사하다고 말했다.

> 출처 : '오베르뉴의 시적인 요리사가 미슐랭 스타를 수상하는 영애를 안았다.'
>
> *-더 인디펜던트(The Independent) 1999년 3월 2일자*

'잠들라. 우연이라도 꿈을 꾸기 위해서'

수면은 인간에게 긍정적인 영향을 미치는 활동이라는 연구결과가 많이 발표됐다. 창의력도 그러한 활동 가운데 하나다.

> 숙면을 취하면 40퍼센트 더 똑똑해진다.
>
> *-하버드 의과 대학교*

수면은 기억력 형성과 학습에 중요한 영향을 미친다. 다시 말해 수면은 수동적인 상태가 아니라 두뇌가 활발하게 움직이는 상태다. 특히 렘수면(REM/Rapid Eye Movement.

눈꺼풀 아래에서 눈동자가 움직이고 있어 몸은 쉬고 있지만 두뇌는 활발하게 활동하는 수면 상태)중에는 기억이 저장되어 있는 대뇌피질의 활동이 증가한다. 그러므로 두뇌는 수면 상태에서 창의성을 발휘할 때처럼 사실을 분석해서 일관성 있게 분류한다.

잠자는 두뇌는 상상과 은유, 상징에 의존하는 '창의적인 공장' 이다. 꿈꾸는 두뇌는 수평적 사고(기존에 형성된 인식 패턴을 깨트린 후 새로운 개념과 인식을 창출하고 변화를 모색하는 사고)와 논리적인 사고를 동시에 하면서 창의력을 향상시킨다. 존경받는 역사적인 인물들이 창의적인 꿈을 꾼 예는 아주 많다.

문제는 현대 사회에 사는 우리가 종종 너무 바빠서 수면을 충분히 취하지 못한다는 점이다. 무의식이 창의적인 사고 과정에서 중요한 역할을 담당한다고 확신한다면 수면과 긴장 이완의 중요성을 재평가해야 할 것이다.

요약

오늘 우리는 인간에게 무엇보다 가장 중요한 요소인 두뇌의 특징과 기능을 집중적으로 살펴보았다. 오늘 살펴본 내용의 요점은 다음과 같다.

1 창의적인 사람들은

- 불행하거나 남다른 삶은 살았다.
- 매우 많은 작품을 남겼다.
- 지적이다.
- 지각 구조가 복잡하고 모순적인 성격을 지녔다.

2 다음과 같은 과정을 거쳐야 깨달음을 얻을 수 있다.

- 숲에서 나무를 골라낸다.
- 조각 그림의 조각을 맞춘다.
- 현실성을 점검한다.

③ 창의성을 계발하는 데 도움이 되는 정신 수양 방법이 있다.

④ 창의적인 사람들은 생산적인 사고를 하기 위해서 적절한 시기를 택하고 적절한 환경을 조성한다.

창 의 적 인 문 제 해 결 방 법

목 요 일

THURSDAY

창의적인 문제 해결 방법

> 이성은 질문에 답하지만 상상력은 질문을 한다.
>
> *–랠프 N. 제라드(Ralph N. Gerard)*

개인과 조직이 창의력을 효과적으로 발휘하려면 현실 상황에 맞게 활용해야 한다. 그래서 오늘은 창의력을 활용하여 광범위한 현실적인 문제를 다루는 방법을 살펴보겠다.

오늘은 다음과 같은 요소를 분석해보겠다.

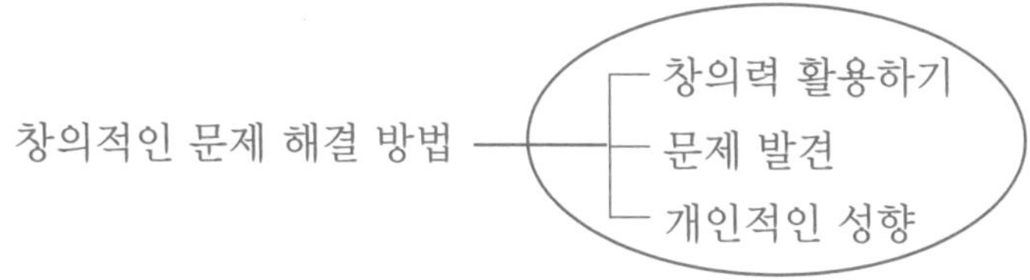

창의력 활용하기

실질적으로 사람들이 문제를 어떻게 해결하는지를 연구한 사람들이 있다. 그들은 일반적인 문제 해결 과정을 연구한 후에, 그를 토대로 창의적인 문제 해결 방법을 발견했다. 처음에는 오스본(Osborn. 브레인스토밍을 개발한 사람)이 1950년대에 그 연구를 시작했고 시드니 파스(Sidney Parnes)가 발전시켰으며, 그 후에는 이삭슨(Isakson)과 트레핑거(Treffinger)가 그 이론을 다듬었다. 여기서는 이삭슨과 트레핑거의 연구 결과를 소개하겠다. 그들은 문제를 성공적으로 해결하기 위해서는 6단계 과정을 거쳐야 한다고 주장했다. 이삭슨과 트레핑거의 창의적인 6단계 문제 해결 방법은 크게 세 단계로 분류된다.

1. 문제를 이해하는 단계
2. 아이디어를 생성하는 단계
3. 행동 계획을 세우는 단계

이 모든 단계에서 확산적 사고와 수렴적 사고를 한다.

확산적 사고

확산적 사고란 아이디어의 양을 늘려나가는 과정이다. 확산적 사고의 특징은 다음과 같다.

- 유창성(fluency) – 아이디어를 많이 생산한다.
- 융통성 – 융통성 있게 다양한 아이디어를 생각해 낸다.
- 독창성 – 참신하고 독특한 아이디어를 생산한다.

수렴적 사고

수렴적 사고란 아이디어의 양을 줄이거나 특정한 아이디어를 선택하는 과정이다. 다시 말해 아이디어를 분석하고 수정하거나 평가할 때 수렴적 사고를 한다.

가끔씩 확산적 사고와 창의적 사고를 동일시하는 경우가

있다. 하지만 이것은 잘못된 생각이다. 확산적 사고 과정을 거쳐 아무리 창의적인 아이디어를 생산해낸다 해도 수렴적 사고 과정을 거쳐서 그 아이디어의 가치를 평가하지 않으면 그건 공상에 불과하기 때문이다.

아래의 도표에서 CPS(creative problem-solving. 창의적인 문제 해결 방법)를 완벽하게 묘사해 놓았다.

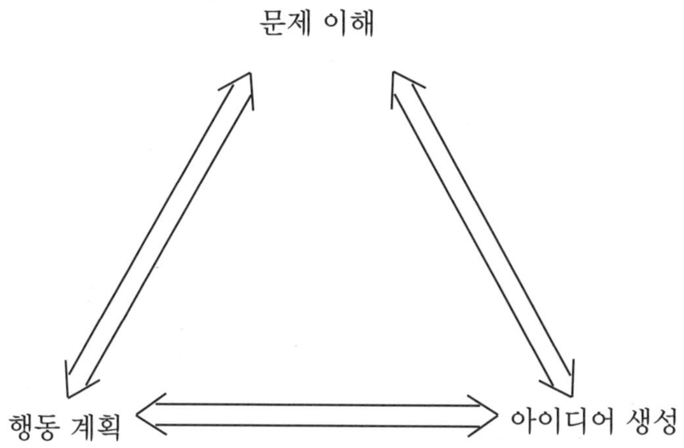

위의 도표가 암시하는 바와 같이 이 세 단계는 상호 의존적이다. 개인적인 문제를 해결하려는 사람들은 세 단계 중 어느 단계부터 시작해도 상관없고 언제든지 다음 단계나 이전 단계로 이동할 수 있다. 그러므로 아래의 6단계를 반드시 순서대로 따라야 할 필요는 없으며, 어느 단계에서든 문제를 해결할 수 있다.

확산적 사고	수렴적 사고
문제 이해	
관심영역 발견	
문제를 해결할 수 있는 가능성을 찾는다.	광범위한 일반적인 목표를 정한다.
자료 발견	
다양한 관점에서 세부사항을 점검한다.	가장 중요한 자료를 찾는다.
문제 발견	
되도록 많은 문제를 찾는다.	특정한 문제를 찾는다.
아이디어 생성	
아이디어 발견	
많은 아이디어를 생각해 낸다.	가치있는 아이디어를 찾아낸다.
행동 계획	
해결 발견	
아이디어를 평가할 기준을 정한다.	기준을 선택하고 적용한다.
수용발견	
실천할 수 있는 행동을 점검한다.	행동 계획을 명확하게 정한다.

위의 단계 가운데 한 단계라도 제대로 수행하지 않으면 조직은 문제 해결 과정이나 의사 결정 과정에서 큰 실수를 저지르게 된다.

한편 이와 같은 기존의 단계를 무시하고 완전히 다른 방식으로 문제를 해결하는 편이 유리한 경우도 있다. 에드워드 드보노(Edward de Bono)는 이런 형태의 사고를 '수평적 사고'라고 말했다.

머리 겔만(Murray Gell-Mann)은 ≪쿼크와 재규어(The Quark and the Jaguar. 입자의 기본이 되는 단순한 물질인 쿼크와 오랜 세월동안 진화하여 복잡한 존재가 된 재규어로 대표되는 단순성과 복잡성을 연구한 책)≫라는 흥미로운 책에서 수평적 사고의 개념을 소개했다.

사례 연구

기압계로 빌딩의 높이를 측정할 수 있는 방법은 무엇인가? 이 시험 문제를 낸 출제자는 의심할 여지없이 한 가지 답을 기대하고 있었다. 하지만 그 시험 문제를 푼 학생은 고정관념을 깨트리는 뜻밖의 답을 제시했다. 놀랍게도 그 학생은 기압계에다 끈을 묶은 다음에 빌딩 꼭대기에서 떨어뜨려 그 길이를 재는 방법과 기압계를 가지고 계단을 올라가면서 기압계의 길이를 벽에 표시한 후에 표시된 총 개수와 기압계 길이를 곱하는 방법, 기압계를 가지고 옥상에 올라가 아래로 떨어뜨린 후 낙하시간을 재서 '낙하거리

=1/2(중력가속도*낙하시간의 제곱)' 공식으로 빌딩 높이를 구하는 법 등 다양한 방법을 생각해냈다. 하지만 무엇보다 가장 멋진 방법은 빌딩 관리인을 찾아가서 빌딩의 높이를 말해주면 '기압계'를 주겠다고 말하는 것이었다.

시스템 사고

특정한 문제를 해결할 때는 특별한 문제 해결 방식이 필요하다. 그래서 케프너(Kepner)와 트레고(Trego)는 '비정상적인' 문제를 해결하기 위해서 알고리즘(문제를 해결하기 위한 절차나 방법)을 개발하고 다음과 같이 문제를 분석했다.

- 규명: 정확하게 어떤 문제가 발생했는가?
- 위치: 어디서 문제가 발생했는가?
- 시간: 언제 문제가 발생했는가?
- 크기: 얼마나 큰 문제가 발생했는가?

또한 최근에는 소프트 시스템 문제 해결법(1960년대 중반에

전통적인 시스템 방법론으로 특정한 경영 문제를 해결하려다가 실패한 이후 랭커스터 대학의 피터 체크랜드가 1980년대에 새롭게 개발한 방법론으로 시스템 사고에 기반을 두고 있다)이 개발됐다. 소프트 시스템의 특징은 다음과 같다.

- 불확실하다.
- 모호하다.
- 조직 내 요소의 관계가 역동적이다.
- 조직이 외부의 피드백을 받아들인다.

일반적으로 CPS 과정에서 문제를 분석하는 단계는 창의적이다. 그러므로 역동적인 시스템의 구조적인 문제를 분석하려면 창의력이 필요하다. 전형적인 시스템 문제는 다음과 같다.

- 공급체인의 재고 물량 변동
- 수요와 공급의 문제

- 품질에 영향을 미치는 작업량

시스템의 요소와 변수 간의 역동적인 관계를 보여주는 시스템 도표를 그려서 이런 문제를 다루고, 특정한 컴퓨터 소프트웨어를 이용해서 시스템 모형을 만들어 문제를 분석할 수 있다.

조식의 이런 대규모 시스템 문제를 해결하려면 분석적이며 창의적인 사고능력을 향상시켜야 한다. 예를 들어 다음과 같은 능력이 있다.

- 표면적인 자료가 아니라 심층적인 자료를 찾아내는 능력
- 창의적으로 자료를 수집하는 능력
- 변수 사이의 관계를 파악하는 능력
- 상황의 특성과 규칙성을 밝혀내는 능력
- 인과 관계를 이해하는 능력
- 추론과 결론을 이끌어내는 능력
- 시스템 도표를 그리고 시스템 모형을 만드는 능력

문제 발견

지금까지 문제 상황에 따라 문제 해결 방식이 다르다는 사실을 강조했다. 다시 말해 다양한 문제를 각기 다른 방식으로 해결해야 한다는 말은 문제의 종류가 저마다 다르다는 뜻이다.

그렇다면 문제를 종류별로 분류해서 그 특징을 알아낼 수 있을까? 물론 가능하다. 그리고 두 가지 이유에서 그 일은 매우 중요하다. 첫째는 문제가 다르면 해결 방식도 달라지기 때문이며, 더 중요한 두 번째 이유는 각자의 관심사와 취향, 환경과 관련된 문제가 발생하기 때문이다.

그런데 왜 문제가 생기는가? 물론 문제의 원인은 다양하지만 여기서는 몇 가지 전형적인 원인을 소개하겠다.

외부 환경: 외부의 압력으로 조직과 단체 내에 대립적인 상황이 발생하거나 변화가 생길 때 문제가 발생한다.

※ 내부 환경: 자체적으로 상품과 서비스 혹은 조직을 개선하고 향상시키려고 하기 때문에 문제가 발생한다.

※ 인간의 심리: 인간은 조직을 관리하거나 통제하려는 욕구를 지니고 있을 뿐만 아니라 뭔가를 이루고자하는 성향과 행동 양식을 지니고 있기 때문에 일하는 방식을 바꾸거나 다른 일을 찾으려고 한다. 바로 이 때문에 문제가 발생한다.

하지만 문제가 항상 똑같은 방식으로 발생하는 것은 아니다. 어떤 문제는 우리 눈앞에 확연히 드러나 있어서 무시할 수가 없다. 반면에 특정 영역에 정신을 집중해야만 발견할 수 있는 문제도 있다. 마지막으로 열의와 열정을 가지고 일을 하면서 우리가 직접 만들어내는 문제가 있다. 물론 이와 같은 문제에 부딪친 적이 없는 사람들도 있을 것이다. 이런 문제는 그냥 저절로 생기는 것이 아니라 우리가 기존의 자료를 적극적으로 새롭게 재해석하거나 세계를 바라보는 시각을 바꿈으로써 만들어내는 것이기 때문이다. 이 모든 문제의 종류를 정리하면 다음과 같다.

- 주어진 문제: 조직 내에 분명히 존재하는 문제이며, 조직 내의 자료를 분석해서 인식할 수 있는 문제다.
- 발견한 문제: 저절로 드러나지 않기 때문에 '파헤치거나' 조사해서 찾아내야 하는 문제다.
- 스스로 만들어낸 문제: 발생할 가능성이 있는 잠재적인 문제로 적극적으로 만들어 내야 한다.

마지막으로 열과 성을 다해서 문제를 만들어냈던 때는 언제인가? 기억나지 않을 정도로 오래 전의 일이라면 이제 용기를 내서 그런 문제를 만들어 보자.

주어진 문제에서 발견한 문제, 스스로 만들어낸 문제의 순서로 나아갈수록 더욱 뛰어난 창의력을 발휘해야 하며, 문제를 명확하게 규명하기도 점점 어려워진다. 특히 스스로 만들어낸 문제는 실체를 찾을 수 없는 가상의 문제다.

사례 연구

1990년대 초에 어떤 사람이 상추를 미리 다듬고 씻어서 포장해서 팔자는 아이디어를 생각해냈다. 당시에는 그 눈부신 아이디어를 팔 시장도 형성돼 있지 않았다. 한 마디로 그 사람은 문제가 제기되지도 않았는데 해결책을 제시한 것이었다. 1999년에 미국 상추 시장의 가치는 11억 달러에 달했다.

> 양상추를 포장해서 판매한다면 어떨겠는가?
>
> *-게리 하멜*

개인적인 성향

사람들은 저마다 다른 방식으로 창의력을 발휘하여 문제를 해결한다. 몇몇 사람들은 CPS 의 단계를 순서대로 따르는 선형 방식을 취하고 다른 사람들은 순서에 상관없이 이 단계에서 저 단계로 왔다 갔다 하는 복잡한 비선형 방식을 따른다. 그뿐만 아니라 개인마다 CPS를 활용할 때 잘

하는 단계와 못하는 단계가 각기 다르다.

개인적인 취향과 유형

개인적인 특성을 '파악' 할 때 가장 많이 사용하는 성격유형지표(MBTI)를 살펴보자. MBTI(Myers Briggs Type Indicator)는 사람들의 다양한 생활양식을 관찰한 스위스 심리학자 C.G.융(Jung)의 심리유형론에 기초를 두고 있다. 융의 이론에 기반을 둔 MBTI는 개인의 특성과 취향을 4가지 선호 경향으로 분류했다.

그 경향은 다음과 같다.

외향(Extroversion)··························내향(Introversion)

이 선호 경향은 개인이 외부의 자극(E)과 내부의 사고 세계(I) 가운데 어디에서 에너지를 얻는지를 판단하는 척도다.

감각(Sensing)································직관(Intuition)

이 선호경향은 인식의 척도다. 확고하고 구체적인 사실과 세부사항에 신경을 쓰는 사람인가(S), 아니면 형식과 개요 혹은 더 포괄적인 아이디어에 신경을 쓰는 사람인가(N)?

사고(Thinking)··································감정(Feeling)

이 선호경향은 의사 결정 척도다. 논리적이고 객관적이며 과학적인 사람인가(T), 아니면 인간 중심의 기준이나 가치를 바탕으로 결정을 내리는 사람인가(F)?

판단(Judging)··································인식(Perceiving)

이 선호경향은 생활방식을 반영하는 척도다. 생활방식이 질서정연하고 계획적이며, 획일적인가(J), 아니면 융통성이 있고 자율적인가(P)?

이와 같은 선호경향은 개인이 문제를 해결하는 방식에 영향을 미친다. 실제로 선호경향에 따라 달라지는 문제해결 양상을 살펴보자.

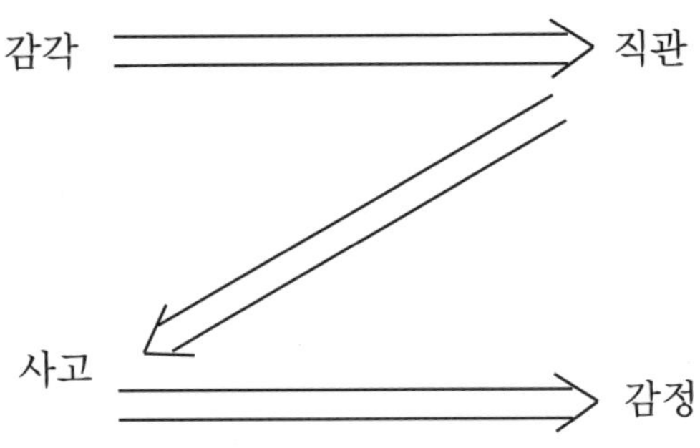

그 양상은 다음과 같다.

※ 감각 - 기본적인 사실과 숫자 등 정확한 자료를 수집한다.

※ 직관 - 사실을 수집해서 결합하고 규칙성을 찾아낸다.

※ 사고 - 합리적으로 차분하게 의사를 결정한다.

※ 감정 - 결과와 다른 사람들에게 미치는 영향을 고려해서 아이디어와 결정을 평가한다.

J-P(판단-인식) 선호경향을 가진 사람은 문제 해결 단계를 순차적으로 밟아 나가거나(J), 순서에 상관없이 자유롭

게 문제를 해결한다(P).

문제를 해결할 때 구성원의 역할

팀을 구성해서 문제를 해결할 때 각기 다른 개인의 장점과 행동양식, 공헌 정도가 팀의 성과에 어떤 영향을 끼치는가를 연구한 이론이 많다. 예를 들어 벨빈의 팀역할 균형론(성과를 올리기 위해서는 창조자, 자원탐색가, 지휘/조절자, 추진자, 냉철 판단자, 분위기 조성자, 실행자, 완결자, 전문가와 같은 9가지 팀역할 유형이 팀 내에 존재해야 한다는 이론)이 있지만 이 이론은 소수 유형의 사람들만을 창의적인 존재로 정의했기 때문에 이 책의 논지와 일치하지 않는다. 그 외에도 창의력과 관련된 역할을 분류해 놓은 이론이 많다. 특히 에드워드 드보노의 여섯 색깔 모자 이론(여섯 가지 색깔의 모자를 번갈아 쓰면서 그에 해당되는 사고를 하는 기법)이 가장 잘 알려져 있으며 가장 널리 사용되고 있다.

- 하얀 모자 – 객관적인 자료와 정보를 처리한다.

⊠ 빨간 모자 – 느낌, 직감, 직관을 활용한다.

⊠ 검은색 모자 – 논리적인 모순을 밝혀내고, 신중하게 판단한다.

⊠ 노란색 모자 – 긍정적인 가치와 가능성을 찾아낸다.

⊠ 초록색 모자 – 새로운 아이디어를 제안하고 창의적인 생각을 한다.

⊠ 파란색 모자 – 회의를 원활하게 주재한다.

이 기법의 장점은 간단하고 명료한 사고를 할 수 있으며, 확산적 사고와 수렴적 사고를 균형 있게 조화시켜 창의적인 문제 해결 단계를 모두 밟아나갈 수 있다는 점이다. 다만 각각의 모자를 구별하기 어렵고 의식적으로 기억해야한다는 단점이 있다.

요약

오늘은 창의적인 문제 해결 방법의 단계를 알아보았다.

그에 덧붙여서 일상생활에서 일어나는 각기 다른 문제와 그 문제를 해결하는 방법을 살펴보았다.

마지막으로 문제를 해결하고 개인의 장점과 약점, 행동양식을 이해하기 위해서 개인의 특성과 개별적인 문제 해결 방식을 알아보았다.

내일 우리는 창의적인 사고를 향상시키는데 필요한 도구와 기법을 살펴볼 것이다. 그 도구와 기법은 CPS 과정에서 활용하거나 독립적으로 사용할 수 있다.

도 구 와 기 법

금 요 일

FRIDAY

도구와 기법

창의적인 활동 과정은 본래 비유적이다.

-돈 파벤(Don Faben)

오늘 우리는 개인의 창의력을 향상시키고 창의적인 아이디어를 생성하는데 도움을 주는 방법을 알아볼 것이다.

오늘은 다음과 같은 요소를 분석해보겠다.

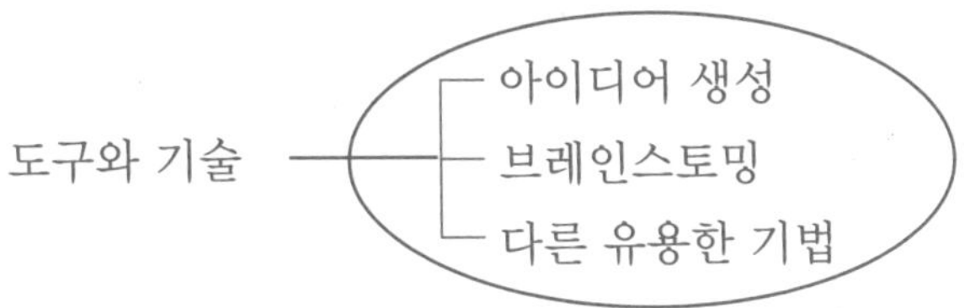

아이디어의 생성

우리가 알고 있는 창의적인 기법은 대부분 아이디어의

생성을 도와주는 것들이다. 그 이유는 아이디어를 생성하는 일이 '좌뇌'를 활용해서 창의적인 아이디어를 평가하는 일보다 훨씬 어렵기 때문이다. 또한 사람들이 아이디어를 생성하는 단계가 본질적으로 다음과 같다고 생각하기 때문에 아이디어 생성을 도와주는 기법이 많이 개발되어 있다.

- 창의적이다.
- 어렵다.
- 문화적으로 인정받지 못하거나 약간 부자연스럽다.
- 가치 있다.

도구와 기법

아이디어 생성을 도와주는 확산적이고 분석적인 여러 가지 도구와 기법에 대해 알아보자.

창의적인 도구와 기법을 활용할 때는 그룹과 개인을 분명하게 구별해야 한다. 특정한 도구나 기법은 그룹을 지어 사용하면 시너지 효과가 생겨서 아이디어 생성이 더욱 용이해지기 때문이다.

시너지 효과

2 + 2 = 5

일반적으로 사람들은 그룹 활동을 할 때 창의력이 활성화되므로 개인보다는 그룹이 더 뛰어난 아이디어를 생각해

낼 수 있다고 생각한다. 하지만 개인이 이용할 수 있는 기법도 있다.

흥미롭게도 창의적인 기법은 다양한 사고 방법과 연관돼 있다. 물론 사람마다 다양한 사고 방법을 사용하지만 그래도 주로 많이 사용하는 방법이 있다.

바로 언어와 시각, 은유라는 세 가지 요소에 초점을 두거나 이 요소를 자유롭게 결합한 사고 방법이다.

언어

인간의 사고는 상당 부분 언어에 바탕을 두고 있으며, 개념과 언어는 긴밀한 관계를 맺고 있다. 그러므로 많은 사람들이 자연스럽게 언어를 사용해서 아이디어를 생각해낸다.

두뇌를 사용해서 다음과 같은 잘 알려진 어구나 속담의 뜻을 알아내 보자.

1 KJUSTK (Just in case. 만일의 경우)

2 YOUJUSTME (Just between you and me. 너와 나 사이에)

3 GET IT

GET IT

GET IT

GET IT (강력하게 추천한다)

4 ie. (that is. 즉)

5 INVA DERS(invaders. 침략자)

이런 어구의 뜻을 알아내려면 머리를 상당히 많이 써야 할 것이다. 이때 여러분이 무의식적으로 사고한다는 사실을 알아챘는가? 논리적이고 순차적인 방법으로는 뜻을 알아내기 어려우므로 여러분의 두뇌는 수평적이고 연상적인 사고력을 발휘해야 한다.

시각

백문이 불여일견

인간은 대부분 복잡하고 정보가 넘쳐나는 공간 속에 살고 있다. 그래서 날마다 의식적으로 유용한 정보를 처리하고 입수해야하는 두뇌는 능력에 한계를 느낀다. 그러므로 이처럼 넘쳐나는 정보를 처리할 수 있도록 도와주는 도구와 기법이 필요하다. 조직적이고 객관적인 정보를 처리하도록 도와주는 기법은 상당히 많지만 원시적인 정보 처리기인 두뇌의 능력을 극대화시켜주는 기법은 그다지 많지 않다.

많은 사람들은 복잡하고 추상적인 정보를 처리할 때 주로 시각을 이용해서 많은 양의 정보와 각 정보의 연관성을 파악한다.

개념 공간도(혹은 축도)는 정보와 '관련된' 개념을 시각적으로 보여주는 도형이다. 또한 많은 양의 복잡한 자료를 '마음의 눈' 속에 넣어주며 연상적이고 합리적인 두뇌의 활동을 시각적으로 보여준다. 시각적 상상력을 동원하여 축도를 그리면 개념을 이해하기 쉽게 구체화할 수 있다.

두뇌의 활동을 보여주는 개념 공간도를 그리기 위해 '아래 그림과 같은 몇 가지 원형과 도식을 만들어보자. 개념 공간도를 만들기는 어렵지만 그 효과는 매우 크다.

기본적인 형식은 자연스럽고 연상적인 구조로 된 간단한 거미 도표다.(마인드맵이라고도 한다)

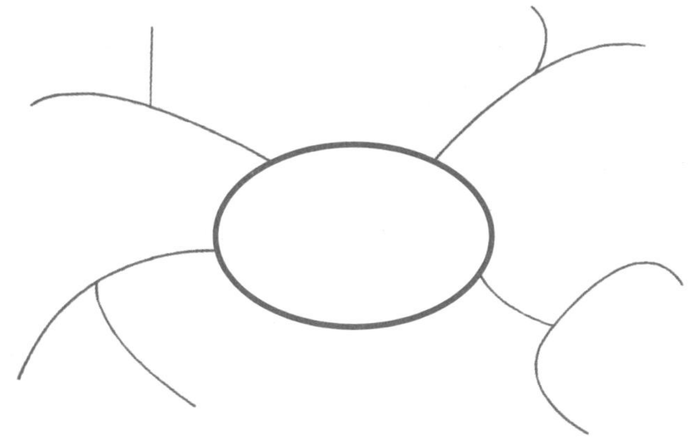

이와 같은 선은 다음과 같은 관계를 의미한다.

- 나누다. (단계)
- 결과 (인과 관계)
- 따르다. (순서)
- 암시하다. (논리적 연관성)
- 관련되어 있다.

또한 다음과 같은 방식으로 구조와 순서를 바꿀 수 있다.

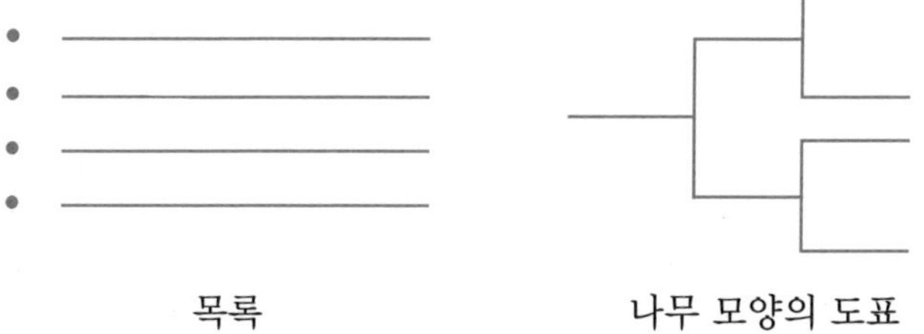

목록 나무 모양의 도표

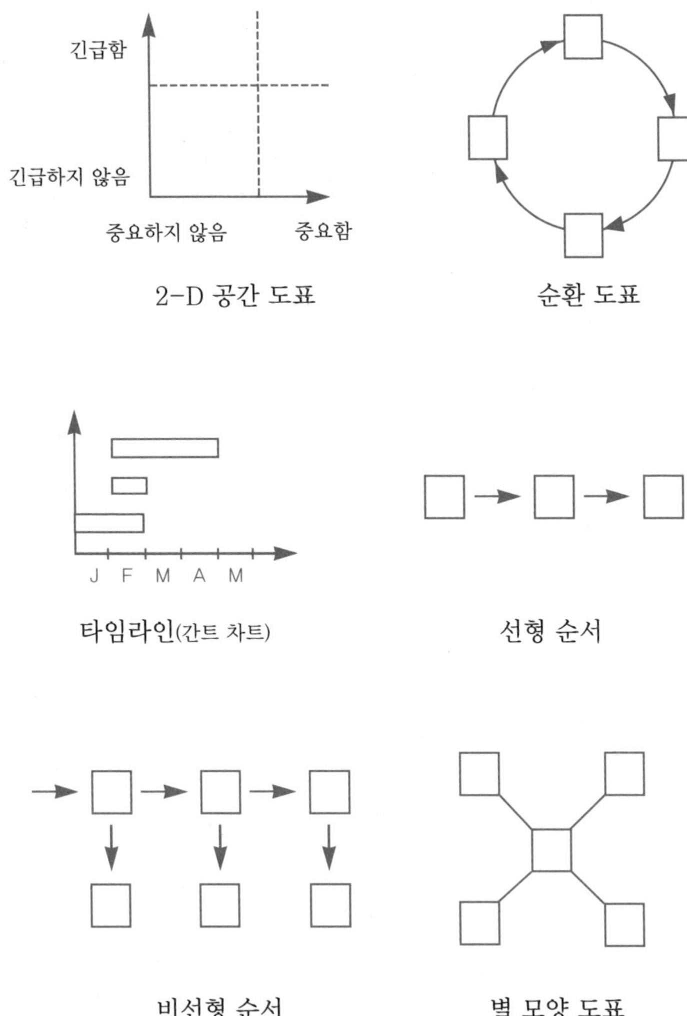
긴급함
긴급하지 않음
중요하지 않음
중요함
2-D 공간 도표
순환 도표
J F M A M
타임라인(간트 차트)
선형 순서
비선형 순서
별 모양 도표

이와 같은 도표는 아이디어를 떠올리고 구체화하며, 조직하고 요약하거나 종합할 때 사용한다. 특히 다음과 같은 경우에 매우 유용하게 쓸 수 있다.

- 필기할 때
- 문제를 해결할 때
- 인식 지도를 그릴 때(심리 상태를 묘사할 때)
- 보고서를 쓸 때
- 발표할 때
- 업무 수행 과정을 그릴 때
- 알고리즘을 만들 때

은유

> 우리는 세계의 일반적인 구조를 이해해야 한다.
>
> *-스티븐 핑커*

급속도로 성장하는 현대 사회를 원초적인 직관으로 이해할 수 없기 때문에 우리는 세계를 이해할 수 있는 도구를 발명해야 한다. 비유와 은유가 바로 가장 강력한 도구다.

세계를 이해하기 위해서 은유와 비유를 얼마나 널리 사용했는가를 알아보려고 과학과 예술, 문화, 혹은 사회 분야를 살펴볼 필요는 없다. 경영과 산업, 조직 세계에서도 정체성과 목적을 분명하게 알리기 위해서 은유법을 사용하기 때문이다.

여러분은 다음과 같은 단어 가운데서 은유적인 표현을 가려낼 수 있을 것이다.

- 건강
- 음식
- 기계/기계적인
- 가지 친 나무(회사의 계급구조)
- 컴퓨팅/인터넷

카오스 이론

물론 여러분 스스로 은유적인 표현을 만들어낼 수도 있다. 은유는 아이디어를 창출해내는 데 유용한 도구다.

사례 연구

나는 고객과 팀워크, 재정적인 결과, 안전을 중요시하는 조직에서 몇 가지 훈련을 받았다. 그 조직의 경영진에서는 이 4가지 요소의 '관계가 약해지면' 안전을 보장할 수 없기 때문에 어렵지만 공 4개 돌리는 묘기를 성공시켜야 한다는 비유를 사용했다. 비유가 아주 강력한 도구였으므로 심지어는 사장도 경영진에게 안전의 중요성에 대해 연설하면서 공 돌리기 묘기를 부리는 흉내를 냈다.

대체로 은유적인 표현이 바뀌면서 조직에도 커다란 변화가 일어났고, 변화를 바라보는 시각 또한 바뀌었다.

시각과 언어, 은유는 다음과 같은 기법에서 모두 사용할 수 있다.

브레인스토밍

창의적인 기법 가운데서 최우선시 되는 기법은 브레인스토밍이다. 브레인스토밍은 1950년대에 알렉스(Alex) 오스본이 개발한 아이디어로 거의 모든 사람들이 알고 있는 기법이다. 이 기법은 아이디어를 생성하는 데 중점을 두고 있으며 주요 목적은 더 좋은 아이디어를 더 많이 생각해 내는

것이다.

우리는 창의적인 해결책을 찾을 때 너무 일찍 아이디어를 평가하는 경향이 있다. 그리하여 결과적으로 좋은 아이디어가 초기 단계에서 사라져 버리고 사람들은 지나치게 비판적인 평가를 받을까봐 두려워서 아이디어를 이야기하지 않는다. 다시 말해 새로운 아이디어의 생성과 유동성이 억제된다는 뜻이다.

그래서 브레인스토밍 기법을 활용할 때는 두 가지 근본적인 전제를 명심해야 한다. 먼저 모든 아이디어가 훌륭하기 때문에 초기 단계에서 아이디어를 판단하지 않고 그저 생각해 내서 기록하기만 한다. 다시 말해서 평가 과정이 생성 과정을 억압하므로 아이디어 생성과 평가 과정을 분리해야한다는 뜻이다. 이 두 과정을 분리하는 것이 브레인스토밍의 핵심 개념이다. 둘째로 아이디어가 많을수록 더 좋은 아이디어가 나온다는 사실을 기억해야 한다.

양이 많으면 질도 좋아진다. 이와 같은 브레인스토밍의

규칙을 정리하면 다음과 같다.

- 비판을 배제한다.
- 자유분방한 분위기를 조성한다.
- 아이디어가 많을수록 좋다.
- 할 수 있는 데까지 아이디어를 결합하고 수정한다.

브레인스토밍을 할 때는 아이디어를 충분히 많이 생각해 낸 다음에 평가한다. 아이디어를 평가하는 방법은 다양하다. 예를 들어 소수의 사람들이나 독립적인 사람들이 아이디어의 가치를 즉흥적으로 평가할 수도 있다. 아니면 브레인스토밍을 하기 전에 가치 평가 기준을 정해두기도 한다.

브레인스토밍이 아주 효과적인 기법이라고 주장하는 사람들이 많다. 하지만 브레인스토밍은 만병통치약이 아니며, 개인보다 그룹이 더 많은, 혹은 더 좋은 아이디어를 생각해 낼 수 있다고 단정 지을 수는 없다.

아드리안 펀햄(Adrian Furnham)과 배리 건터(Barrie Gunter) 교수가 브레인스토밍을 연구했다. 그들은 그룹 활동을 조직적으로 할 때 더 훌륭하고 더 정확한 결정을 내릴 수 있다는 사실을 발견했다. 하지만 개인이 결정을 내리는 경우와 비교해 보면 시간이 더 많이 걸렸다. 또한 그룹 활동이 조직적이지 못한 경우에는 개인이 그룹보다 생산적으로 일을 더 빨리 처리했으며, 그룹보다 더 효과적으로 아이디어를 생각해 냈다.

하지만 나는 브레인스토밍의 가치는 다른 데 있다고 생각한다. 브레인스토밍으로 많은 조직 내에서 인정하지 않았던 풍토, 다시 말해서 어리석은 생각이든 부적절한 생각이든 간에 자유롭게 아이디어를 제시하는 풍토가 뿌리를 내렸다. 조직이 창의적인 행동을 수용하기 시작한 것이다. 또한 아이디어와 그 결과물을 공유하는 사회적 현상이 생겨났다.

브레인스토밍으로 그룹의 생산성을 높이려면 다양한 기법과 접근 방법, 배경을 지닌 사람들로 그룹을 결성해야 한다. 그렇게 하면 '활기'가 돌고 잠재적인 아이디어의 범위가 넓어진다.

다른 유용한 기법

시네틱스(Synectics)

윌리엄 고든이 개발한 기법으로 관련 없는 요소를 결합하는 것이다. 이것은 유추가 자연스러운 창의적인 활동이라는 견해에 바탕을 둔 기법이다. 창의적인 사람들과 천재들이 어떻게 업적을 달성했는지를 살펴보면 유추를 사용했음을 알 수 있다. 유추에는 다음과 같은 두 가지 방법이 있다.

1 문제를 다룰 때 낯선 것과 친숙한 것을 연결한다. 낯선 것을 친숙하게 만드는 방법이다. 다음과 같은 질문을 해

보자. 나뭇잎 같은 스낵은 무엇인가?*(답- 프링글스)*

② 두 번째로 다양한 관점에서 문제에 접근할 필요가 있다. 새로운 관점을 찾아내라. 한 마디로 친숙한 것을 낯설게 만든다. 이런 질문을 해보자. 초콜릿 바 같은 동물은 무엇인가?*(답-사자(사자라는 이름의 초콜릿 바))*

이처럼 새로운 아이디어를 생각해 내려면 일반화를 하거나 구체화를 해서 논리적인 범주를 '넓히거나 좁혀야' 한다. 예를 들어 바삭바삭한 것으로는 스낵이나 음식을 떠올릴 수 있다.

속성 나열법

창의적인 활동을 평가하는 전형적인 방법 가운데 하나는 친숙한 물건의 용도를 알아내는 것이다. 예를 들어 윌리엄 하트슨(William Hartson)은 인디펜던트의 창의력 칼럼에서 독자들에게 다음과 같은 질문을 했다.

질문 : 양말 한 짝으로 무엇을 할 수 있습니까?

대답 : 발목의 길이를 정확하게 재는 도구로 쓴다.

대답 : 텔레비전에 출연시켜서 다른 양말 한 짝과 감동적인 재회를 할 수 있는 자리를 마련해 준다.

대답 : 서리를 맞지 않도록 오이를 감싸주는 도구로 쓴다.

대답 : 한 쪽 발에만 양말 한 짝을 신고 텔레비전 쇼에 나간다.

대답 : 스카이 콩콩의 쿠션으로 쓴다.

대답 : 양말 속에 구운 공을 넣어서 풍향계로 사용한다.

대답 : 풀을 먹여 빳빳하게 만든 다음에 부메랑으로 사용한다.

대답 : 카운터에 걸어두고 보풀이 붙기를 기다린다.

대답 : 빌 클린턴이 키우는 고양이의 펜팔 친구로 삼는다.

대답 : '양말 한 짝을 신고 얼마나 멀리까지 걸어갈 수

있는지' 알아본다.

다른 물건의 용도도 생각해 볼 수 있겠는가? 연습 삼아 더 간단한 질문에 답해보자.

질문 : 벽돌의 용도를 얼마나 많이 생각해 낼 수 있는가?

벽돌의 용도를 생각해내려면 우선 벽돌의 특징을 살펴보고 각각의 특징을 바탕으로 아이디어를 생각해내야 한다. 예를 들어 벽돌의 특징은 다음과 같다.

- 붉다.
- 거칠다.
- 입방형이다.
- 가장자리가 날카롭다.
- 무겁다.
- 구멍이 두 개 있다.

벽돌의 용도를 생각해내기 위해서 각 특징을 살펴보고 '날카로운 가장자리로 무엇을 할 수 있는가?, 붉은색으로 무엇을 할 수 있는가?' 와 같은 질문을 해 보자.

진도구(Chindogu)

그렇다면 이런 아이디어로 어떻게 상품을 만들어낼 수 있는가?

진도구는 '독특한' 이라는 뜻의 진과 '도구' 라는 뜻의 도구라는 일본어에서 유래한 단어다. 진도구는 유용해보이지만 실제로는 쓸모없는(거의 쓸모없는) 물건이며, 주로 재미삼아서 만든 쓸데없는 발명품이다. 여기에 진도구의 몇 가지 특징을 소개하겠다.

- 어떤 면에서는 실생활 속에서 편리하게 사용할 수 있는 도구지만 한편으로는 불편한 도구이기도 하다.
- 실질적으로 쓸모가 있는 물건은 진도구가 아니다.

- 제대로 작동해야 한다.
- 조잡하다.
- 일상생활에서 사용하는 도구다.
- 어떤 면에서는 재미있는 도구다.

예를 들면 다음과 같은 것이 있다.

스위스 군용 장갑 – 각각의 손가락 끝에 장치가 달린 장갑.

화분증(꽃가루 알레르기) 환자를 위한 휴지걸이 – 화분증 때문에 두루마리 화장지를 많이 쓰는 사람들이 머리 위에 올려놓고 사용할 수 있도록 만든 화장지 받침대.

내가 제일 좋아하는 진도구는 루마니아에 있는 창의력과 혁신 워크숍에서 만들어 진 것이다.

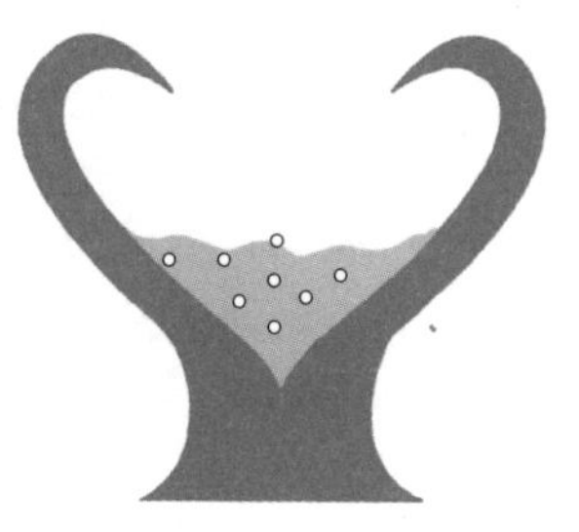

알코올 중독자용 유리잔

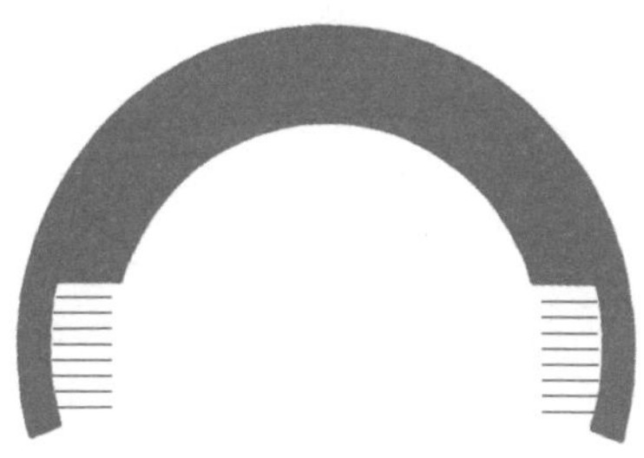

대머리용 빗

그 워크숍에 참가했던 9살짜리 남자 아이는 내 흡연 습관을 고칠 수 있도록 진도구 담배를 발명해서 나에게 주었다. 하지만 그 발명품은 이미 시중에 나와 있는 상업용 가짜 담배와 매우 비슷하고, 너무 유용했기 때문에 진도구가 될 수 없었다. 하지만 여기서 우리는 진도구가 재미삼아 만든 발명품에서 상품으로 변할 수 있다는 사실을 알 수 있다.

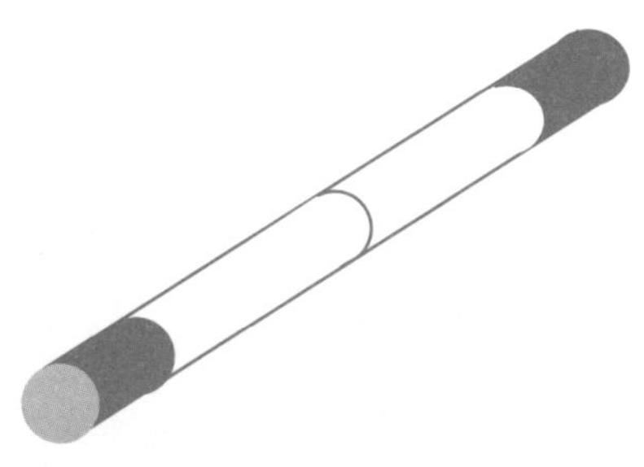

이런 발명품들은 아무리 터무니없어도 그 가치를 평가할 수 있다. 그런 발명품에 어떤 의미를 부여할 수 있는가? 그것을 실질적으로 유용하게 사용할 수 있는가? 사람들은 주로 일상생활에서 어떤 자극을 받았을 때 진도구를 만든다. 예를 들어 기내 음식을 연구하기 위해서 진도구를 이용한다. 우리는 모두 기내 음식에 문제가 있다는 사실을 알고 있다. 하지만 어떻게 기내 음식을 개선할 것인가? 우선 기내 음식의 모든 특징을 나열해 놓은 후 각 특징을 연구하고 바꾸며 재창조한다. 다시 말해 기내 음식의 개념을 알아내고 각 개념을 효과적으로 바꾼다. 이런 방식은 속성 열거법과 유사하다.

특성 – 비행기 안에서 식사를 한다.

이륙하기 전에 식사를 할 수는 없는가?

특성 – 모든 사람이 동시에 식사를 한다.

그렇게 하지 않고 셀프서비스로 바꾸는 건 어떨까?

특성 – 쟁반에 담아서 준다.

다른 방식으로 음식을 내놓을 수는 없는가? 각 좌석에 수도꼭지를 설치한 후 파이프를 연결해서 음료를 마시는 건 어떨까?

이런 식으로 실제 상황에서 진도구를 이용하여 아이디어를 생각해 낼 수 있다.

특정한 기법

특정한 상황에 맞는 특정한 도구와 기법을 개발해야 한다. 그 종류에는 다음과 같은 것들이 있다.

- 힘마당(Force field) 도표 – 상황에 따라 변화는 힘을 분석한 도표다.
- 이시카와(Ishikawa, 물고기뼈) 도표 – 문제 해결 방식을 제시한다.
- SWOT 분석(기업의 환경 분석을 통해 강점(strength)과 약점(weakness), 기회(opportunity)와 위협(threat) 요인을 규정하고 이

를 토대로 마케팅 전략을 수립하는 기법)- 조직 내에서 내부적인 요소(장점과 단점)와 외부적인 요소(기회와 위협)를 밝혀내고 평가하는 방법이다.

요약

오늘 우리는 창의적인 아이디어의 생성을 도와주는 주요한 도구와 기법을 알아보았다. 특정한 목적이나 다양한 문제와 상황에 맞는(아마 수백 개가 넘는) 기법을 모두 살펴볼 수는 없다. 모든 사람들이 우리가 제시한 기법을 이용하지는 않겠지만 대부분의 사람들이 자기 일에 맞는 몇 가지 기법을 찾아낼 것이다.

우리는 사고 과정의 세 사고 요소를 살펴보았다.

- 언어
- 시각
- 은유

우리는 몇 가지 주요한 기법을 살펴보았다.

- 브레인스토밍
- 시네틱스
- 속성 나열법

조 직 내 에 서 의 창 의 력

토요일

SATURDAY

조직 내에서의 창의력

> 누가 물을 처음 발견했는지 모르지만 물고기가 물을 발견하지 않았다는 사실은 확실히 알고 있다.
>
> –하워드 조지(Howard Geroge)

오늘은 원점으로 돌아가서 다시 조직에 대해 이야기하겠다. 일요일에는 조직의 전략적인 측면을 살펴봤으므로 오늘은 조직과 조직 내의 관리자들이 유념해야할 사항을 살펴보면서 이야기를 마무리 짓겠다. 먼저 유의해야 할 상황과 그와 관련된 필수적인 요소를 설명하고 난 후에 앞서 말한 전략을 사용해서 그런 상황에 대처하는 방법을 알아볼 것이다.

오늘은 다음과 같은 요소를 살펴보겠다.

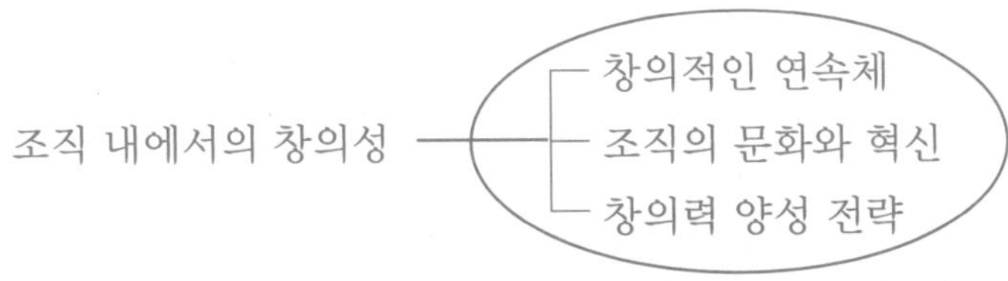

창의적인 연속체

개인이 직장에서 창의적인 행동을 하기는 어렵다. 그래서 조직 내에서는 주로 그룹별로 창의적인 활동을 하려고 하지만 그것 또한 매우 복잡한 일이다. 그러므로 조직의 문화와 구조, 상품과 서비스 등 조직의 모든 면을 살펴봐야 한다.

창의력은(혹은 창의력 부족은) 쉽고 간단하게 해결할 수 있는 문제가 아니다. 조직 내에서는 창의력이라는 요소를 훨씬 더 역동적이며 섬세하고 복잡한 방식으로 다루어야 한다.

우리는 이 책에서 주로 아이디어 생성에 대해 이야기했다. 하지만 아이디어를 생성해 내는 그 자체로는 부족하다. 멋진 아이디어를 생각해 냈다하더라도 엄청난 노력을 기울인 후에야 성공적인 상품을 만들 수 있기 때문이다. 예를 들어 넬슨 만델라의 도움으로 힘겨운 과정을 거친 후에야 상업적인 상품으로 자리 잡은 된 태엽식 라디오가 있다. 다이슨 진공청소기도 말 그대로 수백 개의 모형을 거쳐서 판매할 수 있는 완성품이 됐다.

이처럼 아무리 아이디어가 뛰어나다 해도 엄청난 노력을 기울여야 하기 때문에 도중에 사라지는 아이디어가 수백만 개가 넘는다. 믿을 수 없을 정도로 적은 아이디어만이 완성되어 상품으로 시장에 선을 보인다. 아이디어가 풍족한 조직 내에서도(종종) 그 아이디어의 상품화를 저해하는 장애물이 있다.

아이디어에서 상품까지

결론적으로 아이디어를 상품으로 만들려면 다음과 같은 일련의 과정을 거쳐야 한다.

아이디어 생성 ⟹ **변환** ⟹ **완성**

왼쪽 끝은 아이디어 생성 과정이다. - 아이디어를 생각해 내는 단계

중간은 변환 과정이다. - 아이디어를 생성해서 결실을 거두기 전의 중간 단계

오른쪽 끝은 완성 단계다. - 새로운 상품과 서비스가 시장에 선을 보이는 단계이며, 창의적인 연속체를 통과해서 진정한 혁신을 이루는 단계다.

태엽식 라디오의 발명과 같은 사례를 연구해보면 왼쪽에서 오른쪽으로 이동하는 데 얼마나 많은 노력과 끈기(실망도 많이 한다)가 필요한지 알 수 있다.

이 세 단계에는 다음과 같은 과정이 있다.

- 확산적 사고에서 수렴적 사고로의 전환 과정
- 정보를 수집하고 조직화하여 증명하는 과정
- 다양한 아이디어를 생성하는 과정
- 모형과 모델을 만들고 아이디어를 다듬는 과정
- 아이디어를 수정하고 버리며 재창출하는 과정
- 현실을 점검하고 아이디어의 가치를 평가하며 인정받는 과정

아래와 같은 도표로 조직의 장점과 저해요소를 설명할 수 있다.

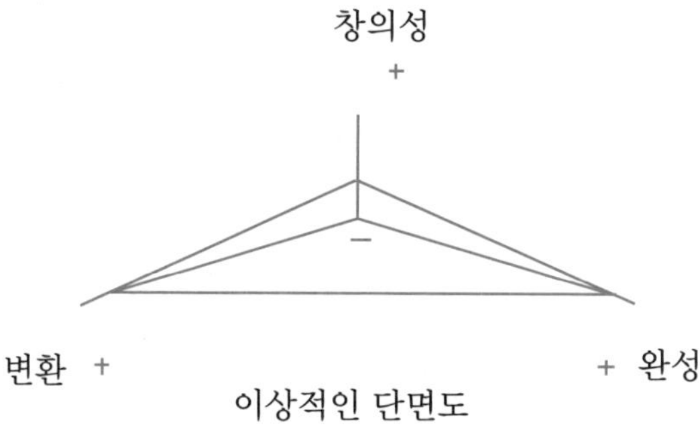

이상적인 단면도

이것은 일반적인 도표이므로, 몇몇 분야에서는 좀더 세부적인 도표를 그릴 수 있다. 이 도표는 특히 연구와 개발에 깊이 관여하거나 생존하기 위해 새로운 상품에 의존하는 조직에 적합하다.

상품 경로

많은 산업체와 조직의 상품 경로는 상당히 잘 조직되어 있다. 의약 산업을 예로 들어보자. 의학 업계에서는 화합물을 만들어서 완성된 상품을 시장에 내놓기까지의 과정을 '경로' 라고 부른다. 이 경로의 한쪽 끝은 시장에서 가장 멀고 다른 쪽 끝은 시장에서 가장 가깝다.

다음과 같은 복잡한 경로를 거쳐야 상품을 시장에 내놓을 수 있다.

- 화합물 발견
- 의학 물질 개발
- 임상용 물질 개발
- 시장용 물질 개발
- 초기 임상 연구
- 임상 연구
- 바이오스태트(바이오리듬 측정 소프트웨어) 개발
- 상품 점검

대부분의 집단은 그다지 잘 조직되어 있지 않다. 그렇기 때문에 아이디어가 쉽게 증발되는데 이와 같은 경로의 개념을 유념해두면 언제 아이디어가 사라지는지 추측하기 쉽다.

조직의 문화와 혁신

> 조직의 관리자들이 해결해야하는 최대 문제는 지식의 생산성과 서비스를 담당하는 직원들의 생산성을 높이는 일이다. 이 문제를 성공적으로 해결하느냐의 여부가 … 궁극적으로 회사의 경쟁력을 결정한다.
>
> *-피터 드루커(Peter Druker)*

조직의 관리자는 자기 조직이 얼마나 잘 운영되고 있는지 알아야 하며. 창의성과 혁신을 중시한다면 조직의 장점과 단점을 파악해야 한다. 그렇다면 어떻게 장점과 단점을 알아낼 수 있을까?

창의성 점검하기

경로를 점검하여 창의적인 연속체에서 각 단계의 효과성과 효율성을 측정하거나 평가한다.

창의적인 연속체의 각 단계에서는 관심 분야가 달라지는데, 왼쪽 단계에서는 주로 조직의 환경, 즉 조직을 이루는 구성원들의 행동과 유용한 문화에 신경을 쓴다.

왼쪽 단계에서 관심을 기울여야 할 전형적인 요소는 다음과 같다.

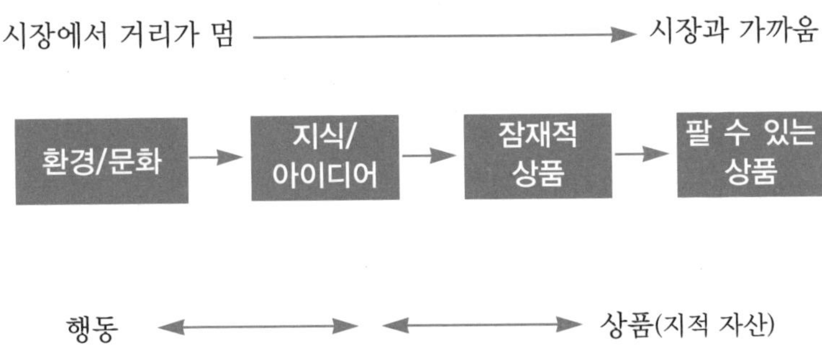

- 팀워크와 협동
- 전문적인 개발
- 의욕과 동기
- 일하는 방식과 경영 방식

오른쪽 단계로 움직일수록 결과물 혹은 상품, 다시 말해 지적 자산에 더 많이 신경 쓰게 된다.

지식 경영

우리는 이제 지식의 거대한 힘을 이해하기 시작했지만 지식을 적절하게 관리해주는 도구와 과정을 개발하는 데 있어서는 아직 초기 단계에 머물러 있다. 일반적으로 사람들은 조직의 구성원들이 지식을 활용하여 지적 자산을 생산한다고 생각한다.

상품 경로가 있듯이 '지식 경로'도 있으며 그 과정은 다음과 같다.

- 정보를 획득하거나 만들어냄
- 그 정보를 지식으로 바꿈
- 지식을 저장하고 공유함
- 지식을 이용하여 혁신을 이룩함

사례 연구

경영 기관의 조사(1997년 12월)에 따르면 6퍼센트의 사람들이 지식 경영이 일시적인 유행이라고 대답했다고 한다. 반면 75퍼센트가 넘는 사람들은 조직의 생존을 위해서 지식 경영을 중시해야한다고 대답했다.

51퍼센트의 사람들은 위의 조사 결과에서 알 수 있듯이 지식 경영이 중시되고 있음에도 조직이 지식 경영 상태를 점검하지 않는다고 말했다. 관리자들은 지적 자산의 창출을 저해하는 최대 장애물로 기존의 지식을 체계적으로 활용하지 못하는 체제(78퍼센트)와, 단기적인 문화(66퍼센트), 개발에 대한 투자 부족(50퍼센트)을 들었다.

조직은 미래의 경쟁력을 키우기 위해서 지식 경로를 이해하고 관리하며 개발해야 한다. 또한 '두뇌의 능력을 최대한 활용하기 위해' 지식 경로를 활용하는 진정한 학습 조직이 되어야 한다.

그렇다면 현재의 조직이 상품을 연구하고 개발하는 데 어느 정도 투자를 하고 있는가? 다음 사례 연구에서 그 실마리를 찾아보자.

사례 연구

무역과 산업 부문의 연례 연구개발투자 현황표(세계 유수 기업의 연구개발투자 비용을 분석하여 순위를 매겨놓은 표)에서 영국의 기업이 최하위를 차지했다.

매출액의 4.4퍼센트를 연구개발(R&D. Research and Development)에 투자한 회사가 있는 반면 영국의 회사들은 1996년에 겨우 2.3퍼센트를 투자했다.

R&D가 훌륭한 투자 대상임에도 아직 디자인 연구개발을 사치나 낭비로 생각하는 사람들이 있다.

디자인 연구개발에 추가 자금을 투자하면 매출액과 수익이 증가함에도 그런 인식은 바뀌지 않고 있다. 사실상 디자인은 성장에 크나큰 영향을 미친다. 디자인이 조금만 개선되면 매출액이 3배로 늘어나므로, 디자인 연구개발을 지향하는 산업은 급속도로 성장한다.

출처: 디자인 협회를 위한 영국 산업의 디자인 연구개발 활동 조사. 런던 경영 대학의 경제 예측 센터에서 실시한 조사.

경영진들은 어떻게 그 많은 새로운 아이디어 가운데서 경쟁력 있는 아이디어를 선택할 수 있는가? 그 아이디어를 어떻게 발전시키는가? 지금부터 이 질문의 답을 알아내기 위해 고려해야할 몇 가지 중요한 사항을 소개하겠다.

경영진이 세부적이고 포괄적인 자료를 확보하고 있는가?

- 자료가 잘 정리되어 있는가?
- 조직에서 연구를 장려하는가?
- 조직에서 새로운 아이디어의 생성을 장려하는가?
- 조직에서 지식을 전파하는가?
- 실험하기 쉬운 환경이 조성되어 있는가?

창의성을 향상시키는 데 유용한 환경

조직 내에서 창의력을 키우려면 문화를 중시해야 한다. 하지만 지식을 공유하고 조직 내에서 학습하는 분위기를 조성하려면 어떻게 해야 하는가?

아리 드 게우스(Arie de Geus)는 셸(다국적 석유 기업)의 은퇴한 간부다. 그는 거의 모든 푸른 박새가 은박지로 만들어진 우유 병 마개를 뚫고 우유를 마실 수 있었는데 그에 비해 붉은 가슴울새는 대부분 그 속임수를 간파하지 못했다는 사실을 알고 의아해했다.(20세기 초에는 우유를 뚜껑 없는 병에 담아서 가정에 배달했다. 그러자 푸른 박새와 붉은 가슴울새가 문 앞에

놓인 우유병에 든 우유를 마시기 시작했다. 피해가 커지자 은박지로 된 우유병 마개가 등장했다. 새들은 한동안 우유를 마시지 못했지만 얼마 후 얇은 은박지 마개를 뚫고 다시 우유를 마시기 시작했다. 1950년경에는 거의 모든 푸른 박새가 그 속임수를 알아냈다)그 이유는 푸른 박새 무리가 이동하면서 다른 무리에게 자신들이 알아낸 사실을 알려주었기 때문이었다. 반면에 붉은 가슴울새는 특정 지역에서만 생활했기 때문에 한 무리가 그 속임수를 알아냈다하더라도 자기들만 알고 있었다. 이 사실에서 알 수 있듯이 공동체 내에서 지식을 축척하고 학습 능력을 향상시키려면 무리지어 행동하면서 서로 의견을 교환해야 한다. 그러므로 조직은 이와 같은 교훈을 명심해야 한다.

창의력 양성 전략

경영을 할 때는 무엇보다 조직 내에서 창의력을 개발하고 장려해야 한다. 창의력은 전적으로 개인적인 능력이다. 조직은 적절한 기술을 소유한 사람들을 고용해야 한다. 어떻게 하면 그렇게 할 수 있을까?

그 전략은 다음과 같다.

1 사람을 고용한다: 심리 상태를 측정하는 등 최신 평가 방법을 동원해서 업무에 적합한 사람을 선택한다.

2 조직이 소유한 것을 평가하고 측정한다: 문화에서 지적 자산에 이르기까지 중요한 것을 평가하는 도구를 사거나 방법을 만들어낸다.

3 사람을 키운다: 사람들에게 창의성과 혁신의 중요성, 아이디어 생성 기법, 아이디어를 상품으로 만드는 방법, 협동해서 일하는 방법을 가르친다.

4 새로운 경영 구조와 과정을 개발한다: 구성원들이 긍정적인 행동을 하도록 유도하고 장려하며 그들에게 적절한 보상을 한다.

5 조직의 문화를 바꾼다: 가장 중요한 전략이다.

1997년에 인력 개발 연구소에서 조사를 한 결과 '인적 자원 관리가 사업의 실적에 크나큰 영향을 미친다'는 사실을 밝혀냈다. 그로써 인적 자원 관리가 사업 실적에 중요한 영향을 미치는 요소이며, 직원들의 직업 만족도와 재정 실적이 서로 밀접한 관련을 맺고 있다는 사실이 증명됐다. 기술을 연구하고 개발하는 것보다 훌륭한 인적 자원이 조직의 수익성에 더 큰 영향을 끼친다.

조직이 성공할 수 있는 조건은 다음과 같다.

- 기술 개발
- 직원들의 긍정적인 태도 개발
- 직원들에게 권한을 부여하는 문화(자발성, 융통성, 문제 해결 능력)

조직이 본격적으로 혁신을 추구하려면 지식 경영과 학습뿐만 아니라 그 두 가지를 뒷받침해주는 문화를 중시해야 한다.

한 주의 내용 요약

이번 주에는 창의력이라는 상당히 포괄적인 주제를 살펴보았다. 이제 마지막으로 다음과 같은 중요한 질문의 답을 생각해보면서 이번 주에 살펴본 내용을 복습해보자. 또한 다음 질문의 답을 생각하다보면 더 많은 것을 배우고 싶은 학습욕구가 강해질 것이다.

▧ 조직의 변화를 주도하는 원동력은 무엇인가?

▧ 내가 몸담고 있는 조직과 시장이 5년 후에는 어떤 모습으로 변할 것인가?

▧ 위의 그림과 창의력은 어떤 관계가 있는가?

▧ 내 영역 내에 존재하는 창의적인 상품을 열거하고 묘사할 수 있는가?

▧ 창의적인 상품의 특징은 무엇인가?

▧ 창의적인 사람들은 어떤 능력을 지니고 있으며 그들의 특징은 무엇인가?

▧ 창의적인 상품을 어떻게 만드는가?

▧ 나는 어떤 창의적인 기법을 가지고 있는가?

▧ 그 기법을 어떻게 개발할 것인가?

▧ 어떻게 하면 더욱 창의적인 사람이 될 수 있는가?

▧ 창의적인 문제 해결 방법의 주요 단계는 무엇인가?

▧ 창의력을 향상시키기 위해 어떤 도구와 기법을 사용할 수 있는가?

▧ 그런 도구와 기법을 어떻게 사용해야 하는가?

▧ 내가 몸담고 있는 조직이 어떻게 혁신을 추구하고 있는지를 평가할 수 있는가?

▧ 여러분은 조직에 어떤 충고를 할 수 있는가?

일주일만에 부자뇌 만들기

초판1쇄 인쇄 | 2005년 7월 6일
초판1쇄 발행 | 2005년 7월 7일

지은이 | 가레스 루이스(Gareth Lewis)
옮긴이 | 이미정
펴낸이 | 박대용
펴낸곳 | 도서출판 징검다리

주소 | 413-834 경기도 파주시 교하읍 산남리 292-8
전화 | 031)957-3890, 3891 팩스 | 031)957-3889
이메일 | zinggumdari@hanmail.net

출판등록 | 제10-1574호
등록일자 | 1998년 4월 3일

ISBN 89-88246-86-1 03320